失敗から学ぶ［実務講座シリーズ］09

税理士が見つけた！
本当は怖い
不動産業
経理の
失敗事例
55

東峰書房

はじめに

　オリンピック（2020年）の東京開催が決まり「不動産」をとりまく環境が活況となっています。また、平成27年1月からの相続税の増税によって「不動産の賃貸経営」が相続対策に有効ということで注目を浴びています。

　辻・本郷 税理士法人も日頃、法人・個人のお客様の税金に関する業務を行っており、「不動産」と「税金」は、売買、賃貸などの資産運用面において、多くの質問をいただいています。

　今回、「不動産業経理の失敗事例55」の刊行を東峰書房より勧められ、出版のはこびとなりました。「不動産」の売買や賃貸の仲介業務や管理業務を行っている宅地建物取引業を経営している不動産業者の皆さんをイメージして編集しました。

　「不動産」をとりまく税制は、毎年のように税制改正が行われてお

り、お客様のサポートのための社員教育にもご苦労されていることと思います。執筆は、「不動産業」の会計・税務に精通している「不動産業プロジェクトチーム」が担当しました。

　「不動産業」をとりまく法人税、消費税、所得税、固定資産税や印紙税について、「失敗事例」を取り上げることにより深く税法を知ること、また、税金を通じて、「自宅の売却や買い替え」や「資産の有効活用」のお客様の質問にも対応できるようにしました。

　本書が、「不動産業」の経営者および財務経理担当者の皆さんのお役に立てるものと思います。また、営業の窓口担当者の手元においてお客様の税金の相談に活用されることを願っています。

　最後に、「失敗事例シリーズ」の編集にあたられた東峰書房の鏡渕さん、根本さんに心よりお礼申しあげます。

　　　　　　　　　　　　　　　　　　　　辻・本郷 税理士法人
　　　　　　　　　　　　　　　　　　　　　　理事長　本郷 孔洋

目次

税理士が見つけた！
本当は怖い不動産業経理の失敗事例55

はじめに 2

〈事例01〉 売買仲介手数料の収入計上時期 8

〈事例02〉 原状回復費相当額の収益計上 12

〈事例03〉 返還不要の敷金の収益計上 16

〈事例04〉 特定資産の買換え特例が使えなかった 21

〈事例05〉 事業者間で収益費用の
認識基準が異なる場合 25

〈事例06〉 サブリース物件の修繕費の取扱い 29

〈事例07〉 役員報酬の増額分が認められなかった 33

〈事例08〉 決算賞与の取扱い 38

〈事例09〉 使用人兼務役員に対して支払った賞与が
損金として認められなかった 42

〈事例10〉 アパート改修工事を修繕費として計上したが
認められなかった 46

〈事例11〉 短期の前払損害保険料の
損金算入が認められなかった 50

〈事例12〉 情報提供料が交際費とされてしまった 53

〈事例13〉 懇親会費用が交際費とされてしまった 56

〈事例14〉 リゾート会員権や保養所が
福利厚生費となるか？ 59

〈事例15〉	過年度分の未払地代家賃等が寄附金に該当するとされた	63
〈事例16〉	商品不動産の土地を交換の特例として認められなかった	67
〈事例17〉	役員に対して無利息で貸付けを行った	70
〈事例18〉	現場事務所の自販機収入を現場事務所の福利厚生費に使用	74
〈事例19〉	テナントの未収家賃の貸倒損失の計上はできるか？	77
〈事例20〉	決算月の会長就任と役員退職金支給の妥当性	82
〈事例21〉	使い込みをした社員の退職時に貸倒れ処理をした	86
〈事例22〉	土地とともに取得した建物等の取壊費用等	90
〈事例23〉	不動産の購入に係る費用の取扱い	94
〈事例24〉	海外慰安旅行を福利厚生費にするには	98
〈事例25〉	モデルハウスの耐用年数	102
〈事例26〉	固定資産税相当額が課税売上とされた	106
〈事例27〉	売買契約書に建物の消費税額を記載しなかった	109
〈事例28〉	駐車場の賃貸借契約書に消費税の記載をしなかった	112

〈事例29〉	建物管理組合に対する管理費の支払い………	116
〈事例30〉	売買契約書に建物代価0円とある場合の課税仕入れはどうするか………	120
〈事例31〉	事業用不動産を取得から1年経過後に居住用賃貸不動産に転用した………	124
〈事例32〉	賃貸アパートの取得時期の違いによる控除仕入税額の取扱い………	128
〈事例33〉	資本金が1,000万円以上である場合の注意点………	131
〈事例34〉	賃貸収入の消費税の経過措置………	134
〈事例35〉	不動産販売の消費税の経過措置………	137
〈事例36〉	事務所家賃に係る消費税の取扱い………	140
〈事例37〉	海外居住者に支払う家賃………	144
〈事例38〉	社員の自家用車の借上げ料………	148
〈事例39〉	功労社員に対する現物支給による給与課税………	152
〈事例40〉	社員数が変動する場合の源泉徴収の納期の特例………	155
〈事例41〉	従業員とお客様と合同の慰安旅行の取扱い………	158
〈事例42〉	創業時に提出する書類………	162
〈事例43〉	決算期の決め方………	165
〈事例44〉	経営者がおさえるべき財務諸表の基本………	168

〈事例45〉	労働保険、社会保険の加入について	173
〈事例46〉	税務調査でここまで調べる	180
〈事例47〉	賃貸不動産を配偶者の所有にした失敗例 （遺族年金との関係）	186
〈事例48〉	譲渡所得が生じる際の 社会保険料への留意	190
〈事例49〉	事業供用している 立体駐車場の事業所税の取扱い	194
〈事例50〉	アパートの建替えによる 固定資産税の特例が受けられなくなった	200
〈事例51〉	後継者への自社株式の贈与	204
〈事例52〉	契約書の印紙	209
〈事例53〉	不動産売却における譲渡益と 譲渡損の通算について	213
〈事例54〉	認定住宅の新築等をした場合の 税額控除について	216
〈事例55〉	居住用財産売却時の所有期間	220

事例01 売買仲介手数料の収入計上時期

　当社は、不動産売買仲介を営む業者です。今回個人の所有するマンションの一室の売買の仲介を成約しました。売買契約を3月に取り交し、契約時に売買代金の10％、不動産引渡し予定時期の6月に残金の90％を支払って引渡し完了の見込みです。

　当社の受領する売買仲介手数料は、契約時50％、引渡し時50％の契約を結んでおり、3月契約時に50％を受領済です。

　当社は3月決算ですが、本契約については引渡しが完了していないことから預り金処理をして決算および税務申告を行いました。

　今般、税務調査があり、3月に受領した売買仲介手数料の50％は、決算時の収益として計上するように指摘を受けました。

失敗のポイント

不動産の売買仲介手数料は、通常契約時50％、引渡し時に50％受領します。売買契約後、契約がなんらかの都合によって解約になったとしても契約時に受領した50％の手数料収入は返金しない約定になっています。税務調査の指摘は、物件の引渡しが未了であっても、契約時の売買仲介手数料は返金しないことが確定していることから、契約時に収益として計上しなければなりません。

正しい対応

不動産売買契約時に受領した売買仲介手数料の50％は、代金受領日の属する事業年度である3月決算において収益として計上します。なお、残りの50％の手数料残金は原則として未収入金として計上すべきですが、会社が継続して引渡し時の収益として計上する場合には、残金入金時の翌事業年度の6月に計上しても認められます。

年月日	売買代金の収受	仲介手数料の収受	正しい経理処理
平成26年3月	500万円	84万円	3月に収益計上
平成26年6月	4,500万円	84万円	6月に収益計上※
合計金額	5,000万円	168万円	

※6月入金分を3月に未収入金として計上することが原則ですが、他の取引も含めて引渡し時（6月）の収益としている場合には6月計上も認められる。

〈事例01〉売買仲介手数料の収入計上時期

［ポイント解説］

　宅地建物取引業者が行う不動産売買の仲介あっせん業務は、一種の請負契約と考えられます。したがって本来は売買業務の完了である物件の引渡しが完了して初めて報酬の請求権が発生します。このことから3月時点において預り金処理として収益計上しないことは考え方としてはありえます。しかしながら、実務の世界では、引渡し後の請求ということになれば値引きを要求され報酬額が不安定になることなどから、売買契約時に仲介手数料の契約も同時に取り交し、契約時に50％の手数料、引渡し時に50％の手数料を収受することが多く見られ、契約時の50％の手数料は、契約が未了に終わったとしても請負業務の一部を行っていることなどから返金しないことが一般的です。

　法人税法においても、法人税基本通達に（不動産の仲介あっせん報酬の帰属の時期）という規定があります。「土地、建物等の売買、交換又は賃貸借の仲介又はあっせんをしたことにより受ける報酬の額は、原則としてその売買等に係る契約の効力が発生した日の属する事業年度の益金の額に算入する。ただし、法人が、売買又は交換の仲介又はあっせんしたことにより受ける報酬の額について、継続して当該契約に係る取引の完了した日（同日前に実際に収受した金額があるときは、当該金額については収受した日）の属する事業年度の額に算入しているときは、これを認める」とあります。

▶**税理士からのポイント**

　事例において、売買契約時に仲介手数料の50％を受領しないで、不動産引渡し時に全額の仲介手数料を受領するという契約にしておけば、3月決算時の収益でなく、6月引渡し時の収益とすることが可能です。売主等との仲介契約書等において仲介手数料の収受を引渡し時に全額と記載しておくことが求められます。

事例02 原状回復費相当額の収益計上

　私は不動産貸付業を営む株式会社を経営しております。賃貸していた物件について、賃貸借契約期間が満了になったことに伴い、借主より退去時に原状回復費用相当額として300万円を受領しました。受領した300万円については、返還された物件の原状回復工事の費用に充当するため、預り金として処理し、来期に工事完了後の支払いと相殺させる予定でおりました。

　ところが、決算期において、税理士より、受領した300万円については今期の収益として計上すべき、との指摘を受けてしまいました。原状回復工事は来期に実施予定であるため、来期の支出額と相殺させて処理することはできないのでしょうか。

　原状回復工事費用の相当額として受領した金額については、確かに賃貸不動産物件の原状回復工事に要する費用と関係があると考えられます。ただし、受領した金額については、必然的に原状回復工事に係る債務を負担するものではなく、明らかに賃貸人によって自由に収益処分できる性格を有しており、また、返還する必要のないものであるから、事例において受領した金額については、その入金のあった日の属する事業年度の収益に計上する必要があります。

　原状回復費相当額を受領した際は、たとえ原状回復工事と関連性があったとしても、工事の完了日や工事費用と支払い時期とは別個に、入金のあった日の属する事業年度において収益に計上する必要があります。今回の事例では、原状回復工事の完了と支払いは来期とのことですが、原状回復費相当額を受領したのは当期であるため、当期に全額を収益計上することになります。

〈事例02〉原状回復費相当額の収益計上

[ポイント解説]

　賃貸借契約期間の満了に伴って、借主に原状回復費相当額を負担してもらうことは、実務上の慣例として広く行われています。原状回復費相当額を受領する貸主としては、工事の費用に充当する目的で受領しているわけですから、受領した原状回復費相当額については預り金である、という認識をしているケースが多いです。ところが、預り金とは一種の債務を負担しているということであるため、預かった金銭について、返還義務がない今回のようなケースでは、債務として預り金勘定で処理することは不適当となります。

　それでは、収益、すなわち益金についての法人税法の規定ではどのような記載となっているでしょうか。

法人税法第22条2項
　内国法人の各事業年度の所得の金額の計算上当該事業年度の益金の額に算入すべき金額は、別段の定めがあるものを除き、資産の販売、有償又は無償による資産の譲渡又は役務の提供、無償による資産の譲受けその他の取引で資本等取引以外のものに係る当該事業年度の収益の額とする。

法人税法第22条4項
　第二項に規定する当該事業年度の収益の額及び前項各号に掲げる額は、一般に公正妥当と認められる会計処理の基準に従つて計算されるものとする。

条文のため、少しわかりにくい記載となっていますが、今回の事例において受領した原状回復費相当額については、第2項において規定されている、「無償による資産の譲受け」に該当することになります。
　また、個別具体的な判断の基準を示している法人税基本通達2-1-41においても、「保証金等のうち返還しないものの額の帰属の時期」については、「その返還しないこととなった日の属する事業年度の益金の額に算入する」として、返還されない確定収入については、その金額が確定した都度に収益に計上すべき旨が確認されています。
　あらためて今回の事例を確認すると、受領した原状回復費相当額については、返還の必要のない、確定した収入と考えることができます。したがって、その収益計上の時期は、原状回復工事の完了日ないし、費用の支払い日ではなく、その金額を受領した日の属する事業年度ということになります。

▶税理士からのポイント

　原状回復費相当額の受領について、収益の計上時期を工事費用の支払い時期とあわせたい、ということであれば、原状回復費相当額の金額を、工事の費用が確定してから請求する、というような契約内容としておけば問題ありません。収益として認識されないためには、返還されない確定収入に該当するか否かがポイントとなります。

事例03 返還不要の敷金の収益計上

　当社は不動産貸付業を営んでおります。所有する物件について、20年の定期建物賃貸借契約を締結し、契約締結時に敷金を受領し、その後は毎月家賃収入を得ることになりました。敷金については、受領した金額のうち、2,000万円については返還を要しないものとする契約となっていたため、会社の経理上、契約期間である20年で均等で償却することとし、今期は100万円を雑収入とする会計処理を行っていました。

　ところが、決算期に税理士より指摘があり、雑収入として計上すべき金額は、100万円ではなく、2,000万円です、との指摘を受けました。受け取った敷金については全額保険金で運用することにし、手持ちの現金預金は少なかったため、税金の支払いのために保険を不利な時期に解約する羽目になりました。

失敗のポイント

返還不要の敷金について、支払う側と受け取る側で法人税法上の取扱いが違うため注意が必要です。支払った側は、一時に費用にするのではなく、契約期間と5年との短い方の期間で按分して償却をしますが、受け取った側では受け取った時点で全額を収益としなければいけません。貸し手側の気持ちとしては、長期的な賃貸借契約であるため、長期的に収益を計上していくことが取引の実態に合致すると判断してしまったことが間違いのポイントです。

正しい対応

賃貸借契約の締結にあたって、返還を要しない敷金や保証金の定めがある場合、返還を要しないことが確定した事業年度において、全額を収益として認識する必要があります。今回の事例の場合は、賃貸借契約を締結した事業年度に、敷金のうち返還不要な部分である2,000万円について収益計上することになります。

［ポイント解説］

　返還不要な部分の敷金の受領分について、収益計上の考え方は基本的には3つとなります。1つ目は、返還不要と契約書で取り交わした時点、2つ目は、賃貸借契約書に記載されている契約期間を通じて均等に、3つ目は、賃貸借契約の終了時点において、です。実務上では、返還不要部分については、実質的には長期的な家賃の前払分として貸し手側が認識しているケースも多いようです。

　ただし、法人税法上では、法人税基本通達2-1-41によって次のように取扱われています。

（保証金等のうち返還しないものの額の帰属の時期）
「資産の賃貸借契約等に基づいて保証金、敷金等として受け入れた金額であっても、当該金額のうち期間の経過その他当該賃貸借契約等の終了前における一定の事由の発生により返還しないこととなる部分の金額は、その返還しないこととなった日の属する事業年度の益金の額に算入するのであるから留意する。」

　この通達は、返還を要しない部分の金員については、賃貸人において自己の所有として自由に処分することができるという実態から、益金の計上基準となる収益の実現があったものと確認的に定めたものと解されます。したがって、返還不要な敷金を受け取った場合、契約締結時、もしくは敷金の返還をしないこととなった日の属する事業年度に一括して計上する必要があるのです。

　ところで、支払った側の会計処理については別の考え方に基づいた処理となるので注意が必要です。

上記の収益の計上基準の考え方に基づけば、返還不要の敷金を支払った側の立場としては、支払った期において全額を費用とするように思われます。ところが、法人税法上では返還不要な部分の敷金を支払った場合、法人税法上の繰延資産として原則5年で償却することになるのです（法人税法基本通達8-2-3）。

　20万円未満であれば、少額の繰延資産として、一括して損金にすることは可能ですが、収益の計上とは違う処理となってしまうので、間違いやすいポイントです。

　なお、今回は法人の場合の事例ですが、個人で貸付けを行っている場合でも原則として処理は同様です。所得税の基本通達の記載は下記のとおりです。

（返還を要しなくなった敷金等の収入すべき時期）
36-7　不動産等の貸付けをしたことに伴い敷金、保証金等の名目により収受する金銭等（以下この項において「敷金等」という。）の額のうち、次に掲げる金額は、それぞれ次に掲げる日の属する年分の不動産所得の金額の計算上総収入金額に算入するものとする。
　(1)　敷金等のうちに不動産等の貸付期間の経過に関係なく返還を要しないこととなっている部分の金額がある場合における当該返還を要しないこととなっている部分の金額　36-6に定める日
　(2)　敷金等のうちに不動産等の貸付期間の経過に応じて返還を要しないこととなる部分の金額がある場合における当該返還を要しないこととなる部分の金額　当該貸付けに係る契約に定められたところにより当該返還を要しないこととなった日
　(3)　敷金等のうちに不動産等の貸付期間が終了しなければ返還を要しないことが確定しない部分の金額がある場合において、その

終了により返還を要しないことが確定した金額　　当該不動産等の貸付けが終了した日

> ▶**税理士からのポイント**
>
> 　返還不要の敷金については、賃貸人と賃借人とではそれぞれ益金損金の計上の基準が異なるため注意が必要です。また、預かった敷金等については現金預金ではなく、別の資産で運用するケースが多いため、法人税の予測違いによる納税資金トラブルが起きないように、事前に賃貸借契約の内容と、資産運用の形態について税理士に相談しておくことをお薦めします。

事例04 特定資産の買換え特例が使えなかった

　当社は不動産販売業を営む業者です。不動産売買に関しての法人税法上の優遇規定については、販売用不動産などの棚卸資産には利用できないものが多いと聞いていましたが、今回は販売用ではなく、自社利用の土地について買換えを行うことになりましたので、特定資産の買換えの場合等の課税の特例を適用して不動産売買を行うことにしました。

　今期の決算に間に合うように契約書を交わして取引を行ったつもりでしたが、実際の不動産の引渡しは翌期となってしまいました。当社は税務上、仲介手数料も不動産売買の益金計上も、契約日を基準として処理していましたので、今回の特定資産の買換え特例も、当然適用できると思っておりました。

　ところが、税理士との決算打ち合わせの際に、引渡しが済んでいない資産については、特定資産の買換えの場合等の課税の特例は利用できない、と指摘され、譲渡益が多額に計上されることになってしまいました。

失敗のポイント

　法人税法上、益金の計上の時期とその他の課税上の特例を受けるための要件が、必ずしも一致しているとは限りません。今回の事例の場合、譲渡益を計上しているのだから、当然にその譲渡益に係る課税の特例も使えるものだと考えてしまったことが失敗のもとでした。特に、税務上納税者に有利な特例等を利用しようと考えている場合、要件の一つ一つを細かく確認して取引を進める必要があります。

正しい対応

　特定資産の買換えの場合の課税の特例の要件の一つに、譲渡の日を含む事業年度に買換え資産を取得することが求められています。資産の取得とは、引渡しを受けた時点と解釈するのが相当であるため、特定資産の買換えの場合の課税の特例を適用するためには、「先行取得資産に係る買換えの特例の適用に関する届出書」を提出する場合を除き、原則として譲渡と買換え資産の引渡しを同じ事業年度内でする必要があります。売買契約書を締結しただけでは資産の取得とはなりませんので注意が必要です。

[ポイント解説]

　建物や土地等の資産を譲渡した場合、譲渡価額によっては多額の売却益が発生することがあります。ただし、国が特定の地域から他の地域へ事業所を誘導したいような場合、この売却益がネックとなって、スムーズに事業所の移転が進まない恐れがあります。そこで、特定資産の買換えの場合等の課税の特例を設け、一定の要件を満たす資産の買換えについては、売却益を買換え資産の取得価額から減額して、多額の売却益の計上で税負担が大きくならないように配慮されています。

　ところで、固定資産の譲渡等による収益の帰属の時期については、法人税法基本通達2-1-14において、「その引渡しがあった日の属する事業年度」か、「土地、建物その他これらに類する資産である場合において、法人が当該固定資産の譲渡に関する契約の効力発生の日の属する事業年度」とされています。したがって、法人が従来継続して契約基準により譲渡等の収益を計上している場合には、引渡しの前に譲渡益が計上されることになります。

　一方、特定資産の買換えの場合等の課税の特例について、その適用要件については、「資産の取得」ということになっています。資産の取得とは、契約書を取り交わすのみでは足りず、実際に資産の引渡しが必要となりますので、資産の譲渡の契約書と買換え資産取得の契約書を同じ日にしていたとしても、譲渡益の計上時期と買換え資産の取得時期が期をまたいでしまうことによって、課税の特例が適用できない事態が生じてしまいます。

　また、特例の適用にあたっては多くの要件がありますので、最低限下記のチェック項目は確認しておきましょう。

- □ 特例の適用期間内か。(平成29年3月31日まで、もしくは平成26年3月31日まで)
- □ 棚卸資産ではないか。(不動産業の場合、販売用不動産ではないこと)
- □ 譲渡資産及び買換え資産は特例適用となる資産か。
  (例:既成市街地等の区域内から区域外への買換え、誘致区域外から誘致区域内への買換え、長期保有資産の買換え等)
- □ 譲渡資産の所有期間要件を満たすか。(10年超の保有要件が必要な場合あり)
- □ 土地の場合、買換え資産の面積制限内か。(譲渡資産の5倍の面積まで)

> ▶**税理士からのポイント**
>
> 　特定資産の買換えの場合等の課税の特例の適用にあたっては、税務上の要件が多く存在するため、安易に適用できることを前提で取引を進めることはお薦めできません。もし適用をご検討されている場合は、事前に税理士と詳細に打ち合わせしておくか、もしくは税務署に直接相談することが必要となる場合があります。

事例05 事業者間で収益費用の認識基準が異なる場合

　私は、個人で貸家を保有しており、自らが代表を務めるいわゆる資産管理会社へ貸家を賃貸しております。なお、会社へ賃貸している不動産は、一つだけであるため、日々経理処理をするほどのものではなく、個人での確定申告は特に帳簿等を記帳せず、白色で申告することにしました。

　家賃については、翌月分を当月末までに入金する、という一般的な契約にしており、資産管理会社と私個人とともに、1ヶ月分の前受家賃（前払家賃）が計上されていました。

　資産管理会社を作って、初めての年に確定申告をした際、税務署から次のような電話がかかってきました。「○○株式会社からの家賃収入について、1ヶ月分計上が漏れているのではないですか?」私は、個人と資産管理会社において、収益費用の計上基準を合わせて申告していたのですが、個人については前受家賃の繰越計上は認められず、翌年分の前受家賃分も含めて修正申告をすることになってしまいました。

失敗のポイント

法人については発生主義により収益を計上しますが、個人においては必ずしもそうだとは限りません。法人と個人とで収益費用の計上のタイミングが異なる場合があるので注意が必要です。今回の事例では、法人では前受家賃を計上しているのだから、個人でも同様の処理が行えると思ってしまったことが落とし穴となってしまいました。

正しい対応

資産管理会社については、法人であるため、支払家賃の処理については発生主義により計上します。すなわち、翌月分を当月末までに支払った場合、その分は前払家賃として費用の計上を繰延べます。

ところが、個人の確定申告については、今回の事例のケースでは現金主義で収益を計上する必要がありました。すなわち、翌月分の家賃を前払で入金されていたとしたら、入金された時点において収益として計上することになります。もし、資産管理会社の計上基準と同様に発生主義において処理をしたい場合は、白色申告ではなく、日々帳簿書類を備えて記帳し、青色申告にて確定申告を行うべきでした。

[ポイント解説]

　賃貸料収入の計上時期については、法人税法基本通達2-1-29において「資産の賃貸借契約に基づいて支払を受ける使用料等の額は、前受けに係る額を除き、当該契約又は慣習によりその支払を受けるべき日の属する事業年度の益金の額に算入する。」と記載されています。すなわち、前受けに係る分については、益金とすることなく、翌月以降に繰り越すことができるのです。

　一方、法人税法ではなく、所得税法上の規定については、基本通達36-5で次のような記載がされています。

　「不動産所得の総収入金額の収入すべき時期は、別段の定めのある場合を除き、それぞれ次に掲げる日によるものとする。

　(1) 契約又は慣習により支払日が定められているものについてはその支払日、支払日が定められていないものについてはその支払を受けた日（請求があったときに支払うべきものとされているものについては、その請求の日）」

　すなわち、所得税法上では前受家賃といった処理ではなく、支払日で判断されることになります。

　とはいうものの、期間損益の計算を正しく処理している発生主義の考えが税法上で採用されていないことに違和感を覚える人も多いと思います。そこで、国税庁は「不動産等の賃貸料にかかる不動産所得の収入金額の計上時期について」という個別の通達において、個人における家賃収入の発生主義計上を認める余地を残しています。

　これによれば、

　①不動産所得に関して帳簿書類を備えて継続的に記帳する。

　②不動産収入の全部について前受収益および未収収益の経理を行う。

という要件を満たせば、法人と同じように発生主義での申告が認められることになります。

> ▶**税理士からのポイント**
> 　一般的に、白色申告よりも青色申告の方が多くの税務上の特典を受けることができます。不動産所得がある方については、少しの手間ではありますが、是非青色申告により確定申告をすることをお薦めします。

事例06 サブリース物件の修繕費の取扱い

　当社は、自社所有物件と他人所有物件をサブリースして賃貸業を営む業者です。今回サブリースしたマンションの一室の空室が続いていたため当社の費用負担でリフォーム（和室仕様をフローリング洋室仕様に変更）を行い、その効果もあって入居者が決まり安定収益を得ています。なお、サブリース契約においては、軽微な修繕については借主（当社）負担、構造体の変更などの大規模修繕については貸主負担の取決めになっています。

　今般、税務調査があり、当社が負担したリフォーム費用を修繕費として処理していたことが問題になりました。

失敗のポイント

事例の場合、リフォームが自社物件のものか他人所有物件のものかどうかという点、次に、他人所有物件に対する修繕の場合、修繕費の負担割合の契約はどうなっているか、また、修繕の規模や内容が修繕費として経費処理が可能かどうか、資本的支出とみなされるものかどうか、という点が税務上のポイントとなります。

正しい対応

和室を洋室に変えるようなリフォームは、サブリース契約の修繕費負担の取決めからいえば、本来貸主である物件所有者が負担すべきものと考えられます。確かにリフォームによって入居者が決まり会社にとっても収益を増加させることができましたが、間取り等を変えることにより物件の価値を高めることによる利益の供与を直接受けることができるのは、物件の所有者です。修繕費用を借主である貴社が負担した場合には、貸主である物件所有者に対して寄附金とみなされ、修繕費の処理が否

認されます。

物件所有区分	自社物件		自社物件以外 (賃借物件)※	
工事内容	小規模修繕	大規模修繕	小規模修繕	大規模修繕
経理処理	修繕費	資本的支出	修繕費か	寄附金か

リフォームや大規模修繕に係る経理処理

※賃借物件の修繕については、当初契約によって小規模修繕が賃借人の負担という取り決めの場合には、修繕費として損金可能です。ただし、大規模修繕の場合には、原則所有者負担であることから寄附金として取扱われる可能性があります。

[ポイント解説]

　修繕費であるか、資本的支出であるかは、実務的には悩ましい問題です。入居者の退去による部屋の原状回復費用は、原状回復とあるように修繕費で処理して問題は少ないと思われます。一方、事例のような大規模修繕の場合には、修繕費にならない資本的支出として資産計上すべきものかどうかの検討が必須となります。

　法人税基本通達においても、(資本的支出の例示)として3つの例が示されています。そのうちの7-8-1(2)用途変更のための模様替え等改造又は改装に直接要した費用の額は、原則として資本的支出に該当する、とあります。事例の和室から洋室の模様替えは、法人税基本通達の例示に当てはまりますので、税務調査等で修繕費としての主張は難しいものと考えます。ただし、リフォーム費用が60万円未満のような場合には、法人税基本通達7-8-4(1)(形式基準による修繕費の判定)一の修理、改良等のために要した費用の額のうち資本的支出であるか修繕費であるかが明らかでない金額

がある場合において、その金額が60万円未満である場合には修繕費として損金経理をすることができるものとする、という規定がありますのでリフォームが通達前文にある資本的支出であるか修繕費であるか、明らかでないという主張ができれば修繕費として認められる可能性があります。

　事例の問題点は、修繕費か資本的支出かという点のほか、物件が他人所有のものであるという点があります。修繕費というのは、法人がその有する固定資産の修理、改良等のために支出したものという前提条件があります。

　事例は、サブリースに係る修繕であることから、他人所有のものに対するものであり、税務調査で指摘されたように、本来物件所有者が負担すべきものを借主が負担したことによる寄附金であって修繕費等でないという論点があります。当初のサブリース契約にあるように軽微な修繕以外は所有者が負担すべきものであるので、本来はリフォームに要した費用は、貸付金または立替金として処理を行い、サブリース契約の賃料等から控除すべきものと考えられます。他人からの賃借物件を修理や改良する場合には、費用負担割合を含め慎重な取扱いが必要となります。

▶税理士からのポイント

　サブリース契約においては、当初の契約において、入居者からの敷金や礼金の取扱い、賃貸借期間更新における更新手数料の取扱い、マンションなどの共益費や修繕積立金の費用負担があるものの場合の空室の費用負担、事例のような修繕やリフォームの費用負担の割合等を詳細に取決めておくことが、税務を含めたトラブル防止策となります。

事例07 役員報酬の増額分が認められなかった

　私は、不動産売買を営む会社の社長をしております。今期も6ヶ月あまり過ぎたころにおいて、大型の不動産取引が成立し、期首の予測より大幅に利益が増加することになりました。そこで、法人税の負担を少なくするため、取引の成立後より毎月の役員報酬を大幅に引き上げ、会社の利益を圧縮することにしました。

　その後、決算期において、税理士に法人税の金額を尋ねたところ、私の予想より大きな金額を告げられました。理由を確認したところ、「増額した部分の役員報酬については、定期同額給与に該当しないため、法人税法上損金にはできないからです」とのことでした。

　法人税法上、役員報酬を損金として処理するには、どのような対応をすればよかったのでしょうか。

失敗のポイント

　法人が役員に対して支給する給与については、無条件に全てが損金として認められるものではなく、一定の要件を満たしたもののみが法人税法上の損金として取扱われます。

　役員は従業員と異なり、自分の給与を自ら決定することが可能です。したがって、役員報酬額を調整することにより、会社の利益を操作し、租税負担の調整を図ることができます。

　そのため、租税負担の調整を防ぐため、法人税法上では損金算入できる役員報酬の種類が定められていますが、事例のケースでは、毎期の所定の時期以外の時期に役員報酬の変更をしてしまったことが、法人税法上の要件を満たさないものとして損金算入が認められませんでした。

正しい対応

　法人が役員に対して支給する給与の額のうち、定期同額給与、事前確定届出給与又は利益連動給与のいずれにも該当しないものの額は損金の額に算入されません。法人の利益が大きくなりそうなケースで、役員報酬を増額したい場合は、期首から3ヶ月以内に継続して毎年所定の時期にされる定期給与の

額の改定を行うことが必要です。
　期首のうちから一年間の中で法人が役員に対して支払う給与について適正額を慎重に見積もり、法人税法上、損金に認められるような対応をしておくことが求められます。

[ポイント解説]

　役員に対する給与については、法人税法上で定められたもの以外は損金額に算入されません。そこで、法人税法上で定められているもののうち、一般的な企業で行われている「定期同額給与」について詳しく解説します。

定期同額給与
　「定期同額給与」とは、わかりやすく言うと、「毎月同じ金額を支払う」ということです。
　法人税法上では、次のような記載となっています。
①その支給時期が1ヶ月以下の一定の期間ごとである給与（以下「定期給与」といいます。）で、その事業年度の各支給時期における支給額が同額であるもの
②定期給与の額につき、次に掲げる改定（以下「給与改定」といいます。）がされた場合におけるその事業年度開始の日又は給与改定前の最後の支給時期の翌日から給与改定後の最初の支給時期の前日又はその事業年度終了の日までの間の各支給時期における支給額が同額であるもの

イ　その事業年度開始の日の属する会計期間開始の日から3ヶ月を経過する日までに継続して毎年所定の時期にされる定期給与の額の改定。ただし、その3ヶ月を経過する日後にされることについて特別の事情があると認められる場合にはその改定の時期にされたもの

　ロ　その事業年度においてその法人の役員の職制上の地位の変更、その役員の職務の内容の重大な変更その他これらに類するやむを得ない事情（以下「臨時改定事由」といいます。）によりされたその役員に係る定期給与の額の改定

　ハ　事業年度においてその法人の経営状況が著しく悪化したことその他これに類する理由（以下「業績悪化改定事由」といいます。）によりされた定期給与の額の改定

③継続的に供与される経済的利益のうち、その供与される利益の額が毎月おおむね一定であるもの

　法人税法の規定だけを読むと非常にわかりにくいですが、3月決算の会社を例に説明します。

　5月の株主総会により、役員報酬の額を従来の50万円から80万円に変更し、6月より毎月80万円の役員報酬を支払うことにした。

　この場合は上述の②イの要件に合致するため、支給した役員報酬の全額が損金に算入されます。

　続いてのケースはどうでしょうか。

　5月の株主総会開催時においては、今期の利益見通しが不透明であったため、役員報酬の変更はなく、従来と同額の50万円のままとした。その後9月になって、今期の利益が大きくなることがわかり、10月支給分から役員報酬の金額を80万円に増額した。

　事例のケースと同様な内容ですが、この場合は上述の定期同額給与の要件にはいずれも該当しないことになるため、10月支給分から増額した30

万円が損金不算入となってしまいます。

> ▶**税理士からのポイント**
> 　役員報酬の額の改定には様々な形態がありますが、個々の事情によって税務上の取扱いは異なります。例えば、業績等の悪化により役員給与の額を減額する場合、期中において複数回の改定を行われた場合、期中に病気のため職務執行ができない時期については支給額を減額した場合等です。いずれにしても支給額を改定する前に、税理士に相談することをお薦めします。

事例 08 決算賞与の取扱い

　当社は、3月末決算の不動産業です。当期は利益が見込まれることから従業員に対して決算賞与を支給して功績に報いたいと考えています。3月末には最終的な利益金額が完全に確定しないことから、当期税引前利益予想額の2,000万円の10％である200万円の決算賞与を支給することを3月20日開催の取締役会で決定しました。同業者の社長から決算賞与は決算期末から1ヶ月以内に支給すれば未払いであっても損金算入ができるということを聞きましたので損金経理をして決算を行い法人税等の負担も減少しました。
　ところが、税務調査があり、未払いの決算賞与は費用として認められないと指摘を受けました。

失敗のポイント ✗

　未払いであっても社員に対する賞与は、税法で定められている条件をクリアすれば損金算入ができます。事業年度終了の翌日から1ヶ月以内の支払いは条件の1つですが、年度末までに確定する金額は総額だけでは駄目で各人ごとの支給金額も確定する必要があります。

正しい対応

　従業員に対する賞与は、決算月に支払うことによって法人税の節税には有効な対策です。しかし、事情により決算月に支払わず翌月に支払う未払金の場合には、法人税法においては厳格な運用が求められています。

　①支給額を、各人別に、かつ支給対象のすべての人に通知をする必要があります。当然、通知は決算期末まで行う必要があります。また、②翌月末までに実際支払わなければなりません。また、③支給額を通知をした日の属する事業年度において損金経理をしなければなりません。

〈事例08〉決算賞与の取扱い

未払賞与が損金として認められるための4原則	期末までに各人毎の支給金額を確定し、各人に期末までに通知すること
	期末から1ヶ月以内に支払うこと
	期末の経理処理において損金経理（未払金）をすること
	賞与規定等に支給日に在籍する者にのみ支給する、という規定がないこと

［ポイント解説］

　賞与は、月々もらう給与とちがい不定期（夏季賞与、冬季賞与、期末（決算）賞与）に支給されます。税法においては、従業員賞与は損金算入、役員賞与は損金不算入というのが原則的な取扱いです。

　例外として、①従業員兼務役員（営業部長や工場長という従業員としての職責がある人で取締役として選任されている人）の従業員部分としての賞与金額、②事前確定届出給与として、税務署長に事前に届出をしておいて支給する役員に対する賞与、③上場企業等の同族会社に該当しない法人が業務執行役員に対して支給する利益連動給与などがあります。

　従業員賞与の損金算入時期については、税法の規定は次のようになっています。

(1) 労働協約または就業規則において定められている支給日が到来している賞与……従業員に支給額が通知されており、損金経理されているものの損金算入時期は、支給予定日または通知した日のいずれか遅い日の属する事業年度。

(2) 翌事業年度から1ヶ月以内に支払われる賞与……支給額を各人別に通知されており、事業終了年度から1ヶ月以内に支給されており、損金経理されているものの損金算入時期は、従業員に支給額の通知をした日の属する事業年度。

※未払賞与の場合、注意すべき重要な要件があります。法人税基本通達に規定されていることですが、「給与規定」等に、法人が支給日に在職する従業員のみに支給することと規定している場合には、未払金の賞与は損金算入を認められないという点です。税務調査等において、問題とされることがあります。「支給日に在職する従業員にのみ支給する」規定がある場合には、年度末までに必ず実際に賞与を支給するようにしましょう。

▶**税理士からのポイント**

期末未払賞与を検討すべきことは、①給与規定の確認や見直し、②期末までに各人に具体的な支給金額および支給時期を通知したことを立証する書面（稟議書や通知書受領確認書等）の作成、③損金経理と1ヶ月以内の支払い、などです。計画的な決算賞与を行い上手な納税を進めてください。

事例 09

使用人兼務役員に対して支払った賞与が損金として認められなかった

　同族会社である当社の取締役営業部長に対して、営業歩合給を支払いました。当社では、これを使用人分賞与として、損金経理をしていましたが、先月の税務調査において、この営業歩合給は役員賞与に該当すると指摘を受けました。

　なお、この取締役営業部長は、当社の株式を15％所有し、代表者家族で50％所有しています。

取締役営業部長などの使用人兼務役員に対して支払われる使用人分賞与は、原則として損金算入できますが、一定の要件に該当する使用人兼務役員は、役員とみなされ、その賞与は損金に算入することができません。

使用人兼務役員に支給する賞与について損金経理をする場合には、その役員がみなし役員に該当するか否かの要件を慎重に確認する必要があります。事例の場合、取締役営業部長が、15％の株式を所有しているため、使用人兼務役員となりません。

[ポイント解説]

　使用人兼務役員とは、役員のうち、部長、課長その他法人の使用人としての職制上の地位を有し、かつ、常時使用人としての職務に従事するものをいいますが、次に掲げる役員は、使用人兼務役員とはなれないこととされています。

(1) 代表取締役、代表執行役、代表理事及び清算人
(2) 副社長、専務、常務その他これらに準ずる職制上の地位を有する役員
(3) 合名会社、合資会社及び合同会社の業務を執行する社員
(4) 取締役、会計参与及び監査役並びに監事
(5) 同族会社の役員のうち次に掲げる要件のすべてを満たしている者
　　イ　その会社の株主グループにつき所有割合が最も大きいものから順次その順位を付した場合にその役員が次の株主グループのいずれかに属していること
　　　　①第1順位の株主グループの所有割合が50％を超える場合におけるその株主グループ
　　　　②第1順位及び第2順位の株主グループの所有割合を合計した場合にその所有割合が初めて50％を超えるときにおけるこれらの株主グループ
　　　　③第1順位から第3順位までの株主グループの所有割合を合計した場合にその所有割合が初めて50％を超えるときにおけるこれらの株主グループ
　　ロ　その役員の属する株主グループの所有割合が10％を超えていること
　　ハ　その役員（その配偶者及びこれらの者の所有割合が50％を超え

る場合における他の会社を含む。)の所有割合が5％を超えていること

▶**税理士からのポイント**

　使用人兼務役員については、事実上使用人としての職務に従事するか否かにかかわらず、法人税法上の要件に該当する場合には、使用人兼務役員とされません。したがって、使用人兼務役員とされない役員に対する賞与については、損金経理をしないか、または事前確定届出給与による支給を検討する必要があるでしょう。

事例10 アパート改修工事を修繕費として計上したが認められなかった

　当社は築20年の賃貸マンションが老朽化し、また雨漏りもしてきたので改修工事を行い、外壁については、モルタル張りからレンガタイル張りへ張り替えることにしました。その費用については、その全額を修繕費として処理していたところ、その経理処理は問題があると顧問税理士から指摘を受けてしまいました。

賃貸マンションの老朽化や雨漏りを直すための費用ということだけで、その内容を確認しないことは問題です。費用の中に、資産計上するものがあった場合には、修正を求められます。

このケースでは、外壁をモルタル張りからレンガタイル張りへ張り替えたことにより固定資産の価値が増加した部分に対応する金額は、修繕費ではなく資本的支出として取扱われ、法人の資産として計上する必要があります。

〈事例10〉アパート改修工事を修繕費として計上したが認められなかった

[ポイント解説]

　資本的支出か修繕費かは、金額ではなく、その内容によって判断します。

・**修繕費とは**
　減価償却資産の価値をできるだけ維持するために行う、復旧程度の修理・改良等の費用です。修繕費は、支出した事業年度の損金に算入します。

・**資本的支出とは**
　修繕や改修の費用を修繕費とするか資本的支出とするかの判断は、難しいところです。そこで、これらの区分を形式的に判断できるよう、取扱いを簡素化する通達が出されました。それによると、明らかに資本的支出に該当する場合を除き、①一の資産に対して、修理・改良等のために支出された金額が60万円以下であるか、②前期末における資産の取得価額の10％程度以下であれば修繕費、それを超えれば資本的支出とするとされています。

・**資本的支出の例**
　法人がその有する固定資産の修理、改良等のために支出した金額のうち、当該固定資産の価値を高め、またはその耐久性を増すことになると認められる部分に対応する金額が資本的支出となります。次に掲げるような金額は、原則として、資本的支出に該当します。
　①建物の避難階段の取付等物理的に付加した部分に係る費用の額
　②用途変更のための模様替え等改造又は改装に直接要した費用の額
　③機会の部分品を特に品質又は性能の高いものに取替えた場合のその取替えに要した費用の額のうち、通常の取替えの場合にその取替えに

要すると認められる費用の額を超える部分の金額
(注)建物の増築、構築物等の拡張、延長等は建物等の取得に当たります。

・**修繕費に含まれる費用の例**

　法人がその有する固定資産の修理、改良等のために支出した金額のうち、当該固定資産の通常の維持管理のため、または、き損した固定資産につき、その原状を回復するために要したと認められる部分の金額が修繕費となります。次に掲げるような金額は、修繕費に該当します。

①建物の移えい又は解体移築をした場合(移えい又は解体移築を予定して取得した建物についてした場合を除く。)におけるその移えい又は移築に要した費用の額。ただし、解体移築にあっては、旧資材の70％以上がその性質上再使用できる場合であって、当該旧資材をそのまま利用して従前の建物と同一の規模及び構造の建物を再建築するものに限る

②機械装置の移設に要した費用(解体費を含む。)の額

▶**税理士からのポイント**

　修繕費であることを示すものとして、見積書や請求書に加えて、修理箇所の写真などを残しておけば、万一税務調査で指摘を受けた際に説明しやすくなります。

〈事例10〉アパート改修工事を修繕費として計上したが認められなかった

事例11 短期の前払損害保険料の損金算入が認められなかった

　不動産業を営む当社は、契約期間5年の損害保険料500万円を一括して支払いました。そのうち、支払った日から1年以内の期間に対応する金額を短期前払費用として損金経理をしていましたが、この度の税務調査で、損金経理をするのは誤りであるとの指摘を受けてしまいました。なお、この損害保険料は、売上げと対応するもので、当社では売上原価として経理処理しています。

失敗のポイント

法人税基本通達に規定されている短期の前払費用の中には、たとえ支払った日から1年以内に役務等の提供を受けるものであっても、損金算入することができないものもあります。

正しい対応

法人税基本通達において、収益の計上と対応させる必要がある短期の前払費用については、損金算入することができないとされているため、損金経理ではなく、前払費用として資産計上する必要があります。

〈事例11〉短期の前払損害保険料の損金算入が認められなかった

[ポイント解説]

　法人税基本通達2-2-14によれば、損金算入することができる短期前払費用とは、一定の契約に基づき継続的に役務の提供を受けるために支払ったもののうち、①当該事業年度終了の時においてまだ提供を受けていない役務に対応するもので、②その支払った日から1年以内に提供を受ける役務に係るものについて、③継続してその支払った日の属する事業年度の損金の額に算入しているものとされています。

　しかし、短期前払費用のうち、収益の計上と対応させる必要があるものについては、この適用はないものとされています。

　また、事例の場合は5年分を一括して支払っていることから、通達の②にあてはまらず、仮に売上原価でない場合でも否認されるものと思われます。

> ▶**税理士からのポイント**
> 　支払った日から1年以内に役務提供を受ける前払費用については、実務上損金経理をすることができると思いがちですが、このケースのように損害保険料を収益と対応させているものについては、この取扱いができませんので注意が必要です。

事例12 情報提供料が交際費とされてしまった

　不動産業を営む当社は、不動産の物件情報を提供してくれた知人に、謝礼として相当程度の金額を支払いました。そして、これを情報提供料として損金経理していたところ、税務調査において交際費に該当すると指摘されてしまいました。

　なお、この知人へ謝礼を支払ったのは今回が初めてで、契約などの具体的な取決めは特にしていません。

失敗のポイント

不動産業者等以外の情報提供を本業としていない相手に支払う情報提供料の取扱いについて、交際費とされないための対策を事前にしておく必要がありました。

正しい対応

今回のケースでは、知人に支払った情報提供料が交際費とされないためには次の3つの要件を満たしておく必要がありました。

①その金品の交付があらかじめ締結された契約に基づくものであること

②提供を受ける役務の内容が当該契約において具体的に明らかにされており、かつ、これに基づいて実際に役務の提供を受けていること

③その交付した金品の価額がその提供を受けた役務の内容に照らし相当と認められること

[ポイント解説]

　法人が、取引に関する情報提供等を受けた謝礼として支払う報酬については、その相手方が不動産業者等の情報提供を本業としている場合には、原則として損金算入できます。問題となるのは、情報提供を本業としていない相手方に支払う場合です。①情報提供者とあらかじめ契約等を締結し、②役務提供の具体的な実態があり、③支払った謝礼の金額が相当程度の範囲内のものであれば、交際費ではなく、情報提供料として損金算入することができます。

▶税理士からのポイント
　情報提供者に対して支払う謝礼については、その相手方にかかわらず、あらかじめ契約等の取決めをしておく方がよいでしょう。また、契約書は必ずしも必要とはされていませんが最低限、支払いについての一定のルールの存在が必要であり、契約書も作成しておいた方がより有効でしょう。

事例13 懇親会費用が交際費とされてしまった

　当社は、11月に全社員を対象として懇親会を行いました。その費用は、社員1人当たり5,000円以下であったため、少額交際費として損金経理を行いました。ところが、先日顧問税理士から、これは交際費に該当するものと指摘されてしまいました。1人当たり5,000円以下の飲食費であれば交際費に該当しないのではないでしょうか。

失敗のポイント

交際費の範囲から除かれる1人当たり5,000円以下の飲食費には、社内飲食費は含まれないこととなっています。

> **正しい対応**
>
> 平成18年度改正により、交際費の範囲から除かれることとなった「1人当たり5,000円以下の飲食費」には、社内飲食費は含まれませんから、当該費用は交際費として経理処理をします。

［ポイント解説］

　交際費とは、会社がその得意先や仕入先、その他の事業関係者に対する接待や贈答等のために支出する費用をいいます。平成18年度改正では、「1人当たり5,000円以下の飲食費等」については、交際費の範囲から除外されました（損金経理可）。

　一方、社内飲食費とは、専ら自社の役員や従業員等に対する接待のために支出する飲食費をいい、これは、「1人当たり5,000円以下の飲食費等」には含まれないこととされています。

　したがって、このケースでは、懇親会の参加者は自社の社員のみですので、その費用が1人当たり5,000円以下であっても、交際費に該当してしまうことになります。

▶**税理士からのポイント**

　社内飲食費は交際費に該当してしまいますが、従来から交際費に該当しないこととされている会議費については、会議に関連して支出する弁当、飲食物が1人当たり5,000円超であっても、交際費には該当しませんので、その内容により、交際費か会議費かを区別するようにしましょう。

　なお、平成26年度税制改正によって中小法人については、平成26年4月1日から平成28年3月31日までに開始する事業年度においては、定額控除限度額の800万円までの交際費については、全額が損金算入が可能となっています。

事例14 リゾート会員権や保養所が福利厚生費となるか？

　当社は、賃貸仲介をメインとする不動産業者です。当社は、数年前に社員の福利厚生目的として、軽井沢に保養所を購入しました。しかし、社員が保養所を利用した実績はなく、社長とその親族のみが専属的に利用できる状況となっていました。

　今般、税務調査があり、この保養所により役員が経済的利益を享受しているとして、給与課税を受けると指摘されました。

失敗のポイント

保養所や別荘などの福利厚生施設を所有し、無償又は低額で役員や従業員に利用させた場合であっても、次の要件に該当すれば給与課税はされません。

①利用者が受ける(経済的)利益が著しく多額でないこと
②全従業員が利用できること
③利用の状況を記録しておくこと

また、会員制のスポーツクラブやレジャークラブなどの福利厚生施設に事業者(一般的には法人会員)として入会した場合でも、役員の私的利用などでなければ同様の取扱いとなります。

正しい対応

スポーツクラブ・保養所などの法人会費、利用料は、要件を満たすと福利厚生費として経費にできます。

経費とするためには、役員・従業員の全員が利用できるようにしておく必要があります。

利用規程・利用実績簿などを保存しておき、役員・従業員ともに利用できることを証明できるようにしておくとよいでしょう。

[ポイント解説]

　従業員の福利厚生のために、リゾート施設やレジャークラブに入会することがあります。保養所等を自社所有するケースもありますが、中小企業の多くは、会員制の施設等の会員になり、従業員等に利用させることが多いようです。

　このような施設の入会金は、その効果（会員として利用できる期間）が長期になることから、また、独占的な利用権が付保されることから、入会時の一時の損金（費用）にはせずに、資産として計上することになります。一部の役員が利用するためのものである場合には、その者に対する給与の扱いとなります。

　年会費については、加入の目的や利用実績に応じて、「福利厚生費」「給与等」「交際費」のいずれかとなります。「福利厚生費」となるためには、従業員（役員も含む）が平等に利用できる状態（規程等で確認）であり、実際の利用も役員や社員が利用している状況であれば、「福利厚生費」として認められます。

▶税理士からのポイント

　保養所に係る費用（年会費や利用料）を福利厚生費として処理するため、役員・社員のうち希望者が誰でも利用できることが分かるよう、利用規程や利用実績簿を作成しておきましょう。

　利用規程の中に、「役員・社員のうち希望者は誰でも利用できる旨」を入れ、利用申請手続きなども整備しておくと、客観的にみても、希望者が誰でも利用できることが分かります。

　また、「いつ、だれが利用したか」が分かる利用実績簿も、作成しておくと実際に利用した人の名前が分かるため、役員・従業員が分け隔てなく利用していることが分かる資料となります。

事例15 過年度分の未払地代家賃等が寄附金に該当するとされた

　当社は、不動産賃貸仲介を営む不動産業者です。
　当社の本社ビルは、創業者である現会長名義の土地に建てられていますが、賃貸借契約書は作成しておらず、地代については、資金繰りがよい時など随時支払っておりました。
　今般、税務調査があり、対価を支払う合意のない過年度分の未払地代家賃が寄付金に該当すると指摘されました。

失敗のポイント

　本事例では、会長と会社間で賃貸借契約書を作成していなかったため、過年度分の未払地代家賃としての支払いが、金銭の贈与すなわち寄附金として認定されてしまいました。

> **正しい対応**
>
> 本事例のように、金銭の授受が寄附金と認定されるリスクを軽減するために、賃貸借契約書を作成し、賃料、対象者、対象資産、対象期間を記載することにより、金銭の授受が対価性を有することを明確にするなど、根拠資料を残しておくことが重要となります。

［ポイント解説］

　法人税法上の寄附金とは、どういったものなのでしょうか。
　寄附金の定義として、法人税法37条で以下のように規定しています。
『寄附金の額は、寄附金、拠出金、見舞金その他いずれの名義をもつてするかを問わず、内国法人が金銭その他の資産又は経済的な利益の贈与又は無償の供与をした場合における当該金銭の額若しくは金銭以外の資産のその贈与の時における価額又は当該経済的な利益のその供与の時における価額によるものとする。』
　法人税法上、寄附金とは、寄附金、拠出金、見舞金その他どのような名目であるかを問わず、会社が金銭その他の資産又は経済的な利益の贈与又は無償の供与をすることであると定められています。ただし、広告宣伝、見

本品費、接待交際費や福利厚生費に該当するものは含まれません。

ここで、注意しなくてはならないのは、一般に考える寄附よりも、法人税法上の寄附金は非常に範囲が広いものだということです。募金するようなケース以外に、誰かに物品をタダであげた場合や、時価よりも安い価格で譲った場合に、本来受け取っていた代金との差額を寄附金と認定するのです。

このように、会社が利益を追求しない行動をとると、税務上は寄附金の課税関係が生じてしまうため、注意が必要です。

> ▶**税理士からのポイント**
>
> 法人税法上、寄附金は次の4種類に分類されます。
> (1) 国又は地方公共団体に対する寄附金
> (2) 財務大臣が指定した寄附金
> (3) 特定公益増進法人に対する寄附金
> (4) 一般の寄附金
>
> (1) 国又は地方公共団体に対する寄附金は、直接、国や都道府県、市区町村に対して寄附するものです。災害時に被災者のために新聞社・放送局等が募集する義援金についても、これに該当するとされる場合があります。
> (2) 財務大臣が指定した寄附金は、公益を目的とする事業を行う法人・団体に対する寄附金のうち、「イ　広く一般に募集されること」と、「ロ　教育又は科学の振興、文化の向上、社会福祉への貢献その他公益の増進に寄与するための支出で緊急を要するものに充てられることが確実で

〈事例15〉過年度分の未払地代家賃等が寄附金に該当するとされた

あること」の2つの要件を満たすと認められるものとして財務大臣が指定したものです。例えば、赤い羽根の共同募金などが、これに指定されています。

(3) 特定公益増進法人に対する寄附金は、公共法人、公益法人等のうち、教育又は科学の振興、文化の向上、社会福祉への貢献その他公益の増進に著しく寄与するものとして定められている法人に対する寄附金で、その法人の主たる目的である業務に関連する寄附金のことをいいます。具体的には、日本私学振興財団や日本赤十字社などに対する寄附金が、これに該当します。

(4) 一般の寄附金は、上記(1)から(3)以外の寄附金です。例えば、神社のお祭りに際しての寄進など、一般的にほとんどの寄附金はこれに該当します。無利息貸付や債権放棄、さらに資産の低廉譲渡など、本事例を含め事業者間の取引で発生する寄附金の多くがこの一般の寄附金に該当することになります。

事例 16
商品不動産の土地を交換の特例として認められなかった

　当社は、不動産売買の仲介をメインとする不動産業者です。
　当社が販売用に仕入れた土地につき、交換の特例を適用して確定申告していましたが、今般税務調査があり、販売目的で所有している土地である棚卸資産については、交換の特例の対象とはならないと指摘されました。

失敗のポイント

　交換の特例の適用を受けるためには、譲渡資産も取得資産も固定資産であることが要件となります。
　したがって、商品不動産など棚卸資産は、適用対象外となります。

> **正しい対応**
> 法人が同じ種類の固定資産を交換により取得した場合、圧縮限度額の範囲内で交換により取得した資産の帳簿価額を損金経理により減額したときは、その減額した金額を損金の額に算入する圧縮記帳の適用を受けることができます。

［ポイント解説］

　この圧縮記帳の対象となる交換は、次のすべての条件に該当する交換です。

　(1) 交換により譲渡する資産（以下「譲渡資産」といいます。）と取得資産が、土地と土地、建物と建物のように互いに同じ種類の資産であること。

　　なお、借地権は土地に含まれます。また、建物とともに交換する建物に附属する設備や構築物はその建物に含まれます。

　(2) 譲渡資産も取得資産も固定資産であること。

　　したがって、不動産業者などが販売目的で所有している土地、建物などの棚卸資産を交換した場合には、この圧縮記帳の対象となりません。

　(3) 譲渡資産も取得資産も、それぞれの所有者がともに1年以上所有

していたものであること。
(4) 取得資産は、相手方が交換するために取得した資産でないこと。
(5) 取得資産を交換譲渡資産の交換直前の用途と同じ用途に使用すること。

この用途は、土地については、宅地、田畑、山林、鉱泉地、池又は沼、牧場又は原野、その他に区分され、また、建物については、居住用、店舗又は事務所用、工場用、倉庫用、その他用に区分されています。
(6) 交換した時における譲渡資産の価額（時価）と取得資産の価額（時価）との差額が、これらの時価のうちいずれか高い方の価額の20％以内であること。

▶**税理士からのポイント**

圧縮記帳の適用を受けるためには、原則として取得資産の帳簿価額を損金経理により減額し、減額した金額の損金算入についての明細を確定申告書に記載して提出することが必要です。

事例17 役員に対して無利息で貸付けを行った

　当社は、賃貸仲介をメインとする不動産業者です。

　業績が好調で余剰資金が豊富にあるため、社長と会社間で金銭消費契約を締結しました。

　条件は、2,000万円を7年返済・無利息という内容で、住宅取得資金に充てる予定です。

　今般、税務調査があり、会社から役員に対して無利息で金銭を貸し付けた場合には、役員に対して経済的利益があったものとして給与課税すると指摘されました。

会社は利益の追求を目的としているため、役員(従業員も同様)に金銭を貸し付ける場合には、利息を徴収する必要があります。

　無利息や、通常の利率より低い利率で役員に金銭を貸し付けた場合には、役員に対して経済的利益があったものとして給与課税されます。

　会社が役員に金銭を貸し付ける場合、通常の利率で利息を収受していれば、課税関係は生じません。

　また、経済的利益として課税されない通常の利率とは、次のような合理的と認められる貸付利率をいいます。

(1) 会社の借入金の平均調達金利
(2) 貸付けを行った日の属する年の特例基準割合による利率(平成26年は1.9%)
(3) その金銭を会社が他者から借り入れて、貸し付けたものであることが明らかである場合には、その借入金の利率

［ポイント解説］

　法人税法では経済的利益部分は役員賞与ではなく、役員報酬として損金の額に算入できる（法人税法基本通達9-2-9、9-2-11）一方で、役員報酬と同額の受取利息が計上されるため、損益は変わらず、法人税の所得計算には影響しません。

役員報酬　　××××円　　　受取利息　　××××円
（損金算入）　　　　　　　　（益金算入）

　ただし、以下のケースでは、無利息や適正利率以下の利息でも役員報酬に該当しません。

（1）災害等により臨時的に資金が必要となった場合
　　災害や病気などで臨時に多額の生活資金が必要となった役員または使用人に、合理的と認められる金額や返済期間で金銭を貸し付ける場合

（2）合理的な利率と認められる場合
　　会社における借入金の平均調達金利など合理的と認められる貸付利率と定め、この利率によって役員または使用人に対して金銭を貸し付ける場合

（3）利息が年間５,０００円未満の場合
　　1.9％の利率と貸し付けている利率との差額分の利息が1年間で5,000円以下の場合

▶税理士からのポイント

　役員に金銭の貸付けを行う場合には、以下の2点に注意が必要です。

(1) 根拠書類の作成・保存

　役員に金銭の貸付けを行う場合には、金銭消費貸借契約書と取締役会議事録を作成・保存しておく必要があります。

①金銭消費貸借契約書

　　貸付けがあった都度、貸付額・適正な利率・返済期日を記載し、契約書と併せて返済計画表を作成しておくとベターです。

②取締役会議事録

　　会社から役員への金銭の貸付け行為は、会社法上、利益相反取引として、取締役会の承認が必要となります（取締役会非設置会社の場合には、株主総会の承認が必要）。税務上は、取締役会議事録を作成することによって、役員貸付金が正常な取引により発生したことを証明でき、給与課税されるリスクを軽減することができます。

(2) 金融機関の評価

　銀行に融資を依頼する場合、過大な役員貸付金があると評価は悪くなり、「役員貸付金を消す（返済する）ことができたら融資します」と言われるケースがあります。

　金融機関の視点では、役員貸付金は不良債権として認識されます。会社から借りたお金を社長が返済していないと見られるため、融資しても社長個人に流れてしまうのではないかと疑われてしまうおそれがあります。

事例18 現場事務所の自販機収入を現場事務所の福利厚生費に使用

　私は賃貸仲介を主に行うA社を経営しています。人員も20人になり順調に業績を伸ばしてきました。あるとき社員から事務所に自動販売機を設置してほしいとの要望がありました。たしかに最寄りのコンビニまでは少し遠いため、ちょっと一息つくのにいいかと思い設置することを決めました。

　他の業務管理で忙しく、社員の自主性に任せて運用していたところ、この度集まった自販機収入を社員同士のボウリング大会などに使っていたことが分かりました。今後はこのようなことがないようにしたいのですが、自動販売機の運用について何か注意することはありますか。

失敗のポイント

社員のみなさんで自動販売機収入の取扱いについて周知徹底できていなかったため、起きてしまった失敗です。管理を誰が行うかをはっきりしておくべきでした。

会計処理もしていないようなので、税務調査の際自動販売機収入について指摘される可能性があります。

課税売上の消費税の計上漏れ等気を付けるべき点がありますので、正しい処理を確認すべきでした。

正しい対応

自動販売機について管理者を決めておきましょう。

社長は多忙で難しいと思いますので、社員から選んで自主的に運用してもらいましょう。

自動販売機収入の会計処理は
現預金 ○○○円 / 雑収入 ○○○円（課税）
が正しい処理となります。
（雑収入とは本業以外のもうけで金額的にも重要性が高くないものに使われます。）

課税売上割合が変わる可能性がありますし、消費税の計上漏れ等の指摘を受けないよう、継続して正しい処理を続けましょう。

〈事例18〉現場事務所の自販機収入を現場事務所の福利厚生費に使用

[ポイント解説]

　自動販売機収入については税務調査の際もきちんと計上しているか、意外にみられる事項です。
　指摘され修正が入ると
　　・売上計上漏れの修正　　法人税負担増
　　・課税売上の漏れの修正　消費税負担増
　　・課税売上割合の変更　　消費税の計算方法が変わる可能性
以上の影響があります。

　今回の失敗は社内の管理がうまくできていなかったため、生じてしまいました。
　社員の皆さんのためを思ってやったことがあだとならないよう、正しい会計処理と自動販売機収入の管理を行う体制を作ることが重要です。

▶税理士からのポイント
　税務調査で指摘される可能性のある事項ですので、正しい処理をして管理運営していきましょう。

事例 19 テナントの未収家賃の貸倒損失の計上はできるか？

　弊社はオフィスビルを運営しています。おかげさまで、入居率も高く安定経営をしておりましたが、最近困った問題が起こりました。3階に入居している通信販売の会社が突然夜逃げしてしまったのです。ある日突然、会社の扉に廃業通知が張り付けられており、代表の方とも連絡が取れなくなりました。入居から3年ほどは毎月家賃が振り込まれましたが、今では4ヶ月分の滞納家賃があり、何度催促しても入金がありませんでした。1フロア丸ごとその会社に賃貸しているので回収できないとなると弊社の資金繰りにもかなり影響してきます。商品やデスクなどもそのまま放置での夜逃げです。新規テナントの募集もできません。

　やむなく、未回収の家賃を貸倒損失として処理をしようと顧問の会計事務所に相談したところ、今はまだ損金にできないと言われました。未回収の部分の売上に対応する税金の負担も重くこれからの先行きが不安です。

失敗のポイント

賃貸経営をしている方ならどなたでも起こりうる夜逃げですが、新規の募集もできなくなるため、できれば避けたいトラブルの一つです。

未然に防ぐことはなかなか難しいですし、法的な手続きをきちんと取らず、残された備品類を勝手に処分してしまうと損害賠償の可能性もあります。

せめて未回収部分は貸倒損失として計上して税金の負担は減らしたいところですが、税務上の要件を満たしていないことが問題となりました。

正しい対応

貸倒損失が損金となるには税務上の要件を満たすことが必要です。今回は連絡が取れないだけでまだ本当に未収家賃の回収ができないかわかっていないため、損金計上できないと会計事務所も答えたのでしょう。

連絡が取れないままであれば、1年以上まって貸倒損失に計上することができます。しかしテナント賃貸という事業の性格上、そんなに放置していては、どんどん赤字になってしまうでしょう。

悔しいですが、事業を立て直す

ためにも債務免除の通知をだし、早めに貸倒損失として損金計上をするのが得策かと思われます。

　法的な手続きを踏んだ上で、契約を解除し新たなテナントの募集をかけた方がよいでしょう。ただし、未収家賃の回収が可能である状態にもかかわらず、債務免除を行った場合は寄附金に該当し、全額を損金算入できなくなるため注意が必要です。

［ポイント解説］

　税務上、貸倒損失となり損金計上できる要件は次の図のように通達に規定されています。

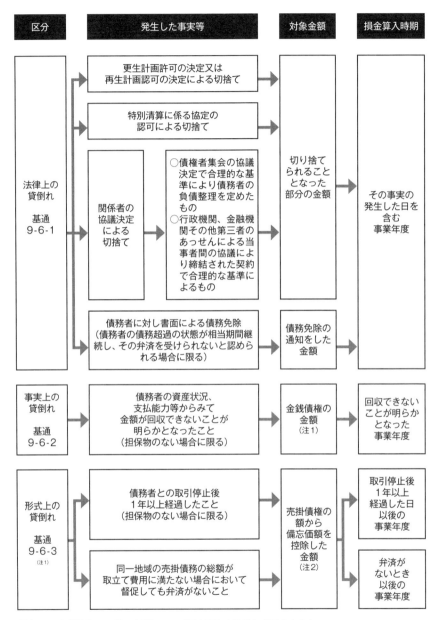

(注) 1 金銭債務の一部の金額について損金算入することができません。
    2 貸付金その他これに準ずる債権は、形式上の貸倒の対象となりません（基通9-6-3）。

上記のように貸倒損失が法人税法上認められるためには、各種要件を満たさなければなりません。

　回収ができなそうだなと思ったときに損金計上したとしても認められないのです。

　各種要件をよく理解した上で、資料を集め税務調査で否認を受けないようにしましょう。

▶税理士からのポイント

　各種要件をよく理解した上で、資料を集め税務調査で否認を受けないようにしましょう。

　今回のケースでも相手先の決算書を手に入れるなどの資料集めが必要と考えられます。

事例20 決算月の会長就任と役員退職金支給の妥当性

　後継者である長男も力をつけ、もう会社を任せられるようになってきました。

　私が持つ株式も今のうちに移転させておきたいと思い、株価を算定したところかなり高額でした。私も第一線から引こうと考えていたため、決算月に役員改選を行い、非常勤の会長職となったため退職金を支給することにしました。資金の工面もありましたので、当期は未払金として計上し、翌期になってから支払いました。

　ところが税務調査があり、当期の退職金としての計上は認められないと指摘を受けました。退職金を出して利益が少なかった当期の決算で株価を算定し、長男に株を贈与していますので、どうなるのか心配です。

失敗のポイント

役員の権限や職責の変更に際して、実質的に退職したのと同様の事情がある場合、分掌変更による退職金として法人の損金にできます。

ただし、通常の退職金と違い未払い計上した場合は当期の損金として認められません。

当期中に退職金を支払わなければなりませんでした。

正しい対応

分掌変更による退職金を支払う場合は、当期中に支払えるだけの資金があるかを十分に検討する必要があります。

未払計上をせざるを得ない状況であれば、翌期に退職金を支払い、株価の評価をすることなども考えられました。

資金、株価両面から計画的に実行していく必要があります。

また分掌変更による退職金が損金となるには、実質的に退職したのと同様の事情にあると認められなければならないので注意が必要です。

［ポイント解説］

　代表取締役や取締役であった人が、一度退職し退職金をもらった後も身分を会長や監査役などに分掌変更して引き続き在職するケースはよくあります。

　実質的に退職と同様であれば、その時に支出した退職金は税務上も認められる、ということになっていますので特に問題はないのですが、「実質的に退職」ということではあいまいなので、具体例として法人税法基本通達9-2-32では下記のように掲げています。

（1）常勤役員が非常勤役員になった場合
（2）取締役が監査役になった場合
（3）分掌変更後の報酬が激減した場合（概ね50％以上の減少）

　あくまでも判断基準の例示であり、経営上主要な地位を占めていると認められる者は除かれます。

　形式基準を満たしていても否認された判例もあるので、慎重に検討すべきです。

　また同通達には注意書きとして

（注）　本文の「退職給与として支給した給与」には、原則として、法人が未払金等に計上した場合の当該未払金等の額は含まれない。

とあります。

　実際に退職金を支払った年度が損金算入時期になりますので、事例のように決算月に決議した場合は、いつ支払いが行えるのかを検討する必要があるでしょう。

　また実質的な退職の事実がないとして退職金そのものを否認された場合は下記の税負担が生じます。

①会社　　役員退職金すべてが役員賞与として損金不算入。法人税及び延滞税、加算税が課されます。

②会社　　退職所得ではなく給与所得となり、源泉徴収不足額が生じます。不足分の徴収、納税と延滞税及び加算税が課されます。

③役員個人　退職所得ではなく給与所得となり、所得税の追加負担が生じます。(退職所得は給与所得より控除額が大きいため)

事例のように退職金を支払った後の決算数字で株価を算定し、贈与している場合は退職金そのものが否認されることにより株価も変わります。

退職金の否認により評価額が高くなりますので、贈与税の追加負担が生じる可能性が高いです。

分掌変更による退職金を支給する際は資金繰り、実質的に退職しているといえるかを慎重に見極めて検討する必要があります。

▶税理士からのポイント

役員に対する退職金は高額になるケースが多いので、会社の資金繰りを考えて検討する必要があります。

また分掌変更の際は、原則支給日に損金算入になりますので特に注意が必要です。

役員退職金そのものが否認されると上記のように様々な追加納税負担が生じますので、社内・社外を含め退職の事実を明らかにするような対策が必要となります。

事例21
使い込みをした社員の退職時に貸倒れ処理をした

　弊社は不動産仲介を中心として業務を行って、先日10期目を迎えた法人です。地域密着で営業を展開し、売上も徐々に伸びてきましたが今回社員の仲介手数料の着服が発覚しました。

　地元採用を積極的に行い人員も拡大してきたのに非常に残念です。就業規則の規定通りに懲戒免職として、退職金も支払いませんでした。

　着服されたお金はもうかえってこない可能性が高かったので、やむをえず退職時に貸倒損失で処理をしました。しかし、先般の税務調査で調査官より貸倒損失の要件を満たしていないという理由で否認を受けました。

　借金もあるとうわさで聞いたので貸倒損失で処理できると思ったのですが。

貸倒損失に計上するタイミングが早かったようです。税務上貸倒損失になる要件は先に提示したように通達に規定されています。

今回は退職時にすぐに貸倒損失に計上したのがまずかったようです。税務上損金になる要件をよく確認の上、慎重に対応しましょう。

今回のケースは会計上、着服金額相当を一旦当該従業員への貸付金として計上しその後、貸付金の貸倒れとして処理をします。

貸付金　　○○円　／　売上　　　○○円
貸倒損失　○○円　／　貸付金　　○○円

貸付金の貸倒損失計上の要件としては実質判断基準のみ認められており、形式基準である取引停止から1年以上経過後に貸倒損失とする処理は認められておりません。

〈事例21〉使い込みをした社員の退職時に貸倒れ処理をした

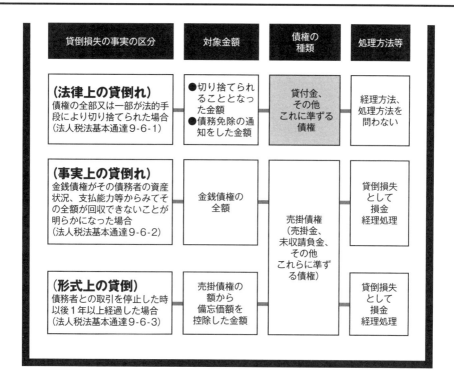

［ポイント解説］

　個人に対する貸付金の貸倒損失が認められるためには、客観的事実をそろえることが重要です。
　当該従業員の財産状況を調べ回収の努力をしたかということと、その事実を証明する根拠資料を用意しておいたほうがよいでしょう。
　簡単なチェックポイントとして下記のような対応が考えられます。

	チェックポイント	必要資料	理由
1	自宅はマイホームか賃貸か	謄本	回収できる財産の根拠となります。
2	マイホームは抵当に入っているか	謄本	借入残がある場合、回収できない根拠となります。
3	警察に被害届を出したか		警察の捜査により、回収できないことが明らかになる場合があります。
4	弁護士を通じて損害賠償を請求したか		交渉により、回収額が判明する場合があります。

　上記以外にもその従業員が貸付金を返済できないことが証明できる書類があれば貸倒損失に計上した根拠資料となります。

　今回のケースでの失敗は退職時にすぐに損金処理してしまったことがポイントとなります。

　根拠書類をそろえ、もう回収できないと分かった時点で貸倒損失の処理をしましょう。

> ▶**税理士からのポイント**
>
> 　貸倒損失の損金計上についてはなんといってもなぜその時期に落としたのかという根拠をそろえられるかにつきます。
>
> 　否認を受けやすい項目になりますので、資料の用意を万全にしておきましょう。

事例22
土地とともに取得した建物等の取壊費用等

　当社では、○○線沿線に販売用の土地を探していました。たまたま、適当な物件がみつかり、土地にのっている中古建物の取壊費用を考慮しても予算以内であったため、すぐに購入を決めました。当社の経理担当者は、建物の取壊費用を全額当期の費用に計上しました。また、土地建物の購入代金のうち、建物部分相当額についても当期の費用に計上しました。

　この土地については当期中に販売することができず、当初赤字の見込みでしたが、建物の価額と取壊費用は当期の費用にできないとのことで、費用を減らした結果黒字になり、納税の直前に資金繰りで慌てることとなりました。

失敗のポイント

　費用にできないものを費用として計上してしまうと、利益が過少に計上される結果となります。申告間際になって、納税資金の確保に慌てないためにも、期中に正しい会計処理を行いましょう。

　この例の場合、建物の取得価額及び取壊費用を土地の取得原価とせずに、当期の費用に計上したのが誤りです。

正しい対応

　土地を使用する目的で土地とともに建物を取得し、おおむね1年以内に建物を取り壊した場合においては、建物の取得価額（ポイント解説参照）及び取壊費用（廃材等の処分によって得た金額がある場合は、当該金額を控除した金額）の合計額は当該土地の取得価額に算入します。（法人税法基本通達7-3-6）

　これらの支出は、土地が販売された期において売上原価を通して損金になります。

[ポイント解説]

　土地と建物を一括取得した場合は、その代金には土地の代金と建物の代金が含まれます。建物を継続使用する場合は、この段階で次の方法により土地の代金（取得原価）と建物の代金（取得原価）を分ける必要があります。（租税特別措置法35の2-9）

(1) 土地・建物の価額が当事者間の契約において区分されており、その区分された価額が適正であるときは、その契約価額による。
(2) (1)の区分がされていない場合であっても、売り手側の建設業者の帳簿価額において確認されたものが適正であるときは、その確認された価額によることができる。
(3) (1)及び(2)の方法によることが難しい場合には、土地及び建物の時価の比により按分した金額等による。

　建物を使用しない場合はもっと簡単で、これらを区分する必要はなく、土地と建物の代金全てが土地の取得原価になります。また、建物の取壊費も土地の取得原価に含めます。「ただちに」とは、具体的にはおおむね1年以内に建物の取壊しに着手したということをいいます。
　建物の取得価額及び取壊費用を支出時の費用として計上しようとして否認された例として、次の判決事例をご紹介します。

【判決事例】（国税不服審判所　裁決事例集No.75-342）

　　原告は「本件建屋は当初改装して製造工場として利用する目

で取得したもので、初めから取壊しをする予定はなかったから、本件建屋の取得価額は、本件土地の取得価額には含まれない」と主張した。

　しかし、調査により、その意思決定を示す具体的資料はなく、競売による評価書によれば、本件建屋において従前有害物質が使用されており、土壌汚染の調査方法について請求人が保健所に相談していることからすれば、本件家屋が食品物の製造に適さない可能性があることを想定した上で、本件土地及び本件建物等を取得したものと認められる。

　また、本件土地の取得価額からみて、本件建屋を取り壊してもその跡地を利用する価値があったからこそ競売への参加を決定したものと認められる。そして、請求人は取得後1年以内に本件建屋の取壊しに着手したと認められ、取得後に事情変更があったとは認められない。

　以上のことから、本件建屋の取得価額及び取壊費用は、本件土地の取得価額に算入しなければならない。

▶税理士からのポイント

　不動産の購入の際には、対外的な契約書だけでなく内部での意思決定を示す具体的な資料等も残しておくようにしましょう。予定変更により建物を取り壊した場合には、証拠資料になります。

事例23 不動産の購入に係る費用の取扱い

不動産の売買には、仲介手数料・各種税金・固定資産税精算金等の諸費用がかかります。これらの費用のうちには、販売用不動産の取得原価に算入しなければならないものと、算入しなくてもよいものがあるそうですが、どれを取得原価に算入しなければいけないのかがわかりません。

失敗のポイント

不動産の購入にかかる諸費用については、支払時に即時費用とできるものと、支払時にはいったん取得原価に含めておいて、物件が売れたときに初めて費用化（売上原価）できるものがあります。取得原価とすべきものを費用として計上してしまい、税務調査で否認された事例もあります。そうならないために、期中の会計処理を正しく行っておきましょう。

不動産仲介手数料、固定資産税精算金等が取得原価に算入しなければならない費用です。

[ポイント解説]

(1) 固定資産の取得原価に含めなければいけないもの

【不動産仲介手数料】

　不動産売買契約に係る法定手数料は、契約物件の成約金額(A)が400万円超の場合、(A)×3％+6万円(税抜)です。

　仲介手数料は、物件の購入のために直接要した費用であるため、取得価額に含めなければなりません。一括して土地建物を購入した場合には、土地と建物の価額の比により按分する等の方法で、土地に対する仲介手数料と建物に対する仲介手数料を区分します。

【固定資産税精算金】

　固定資産税はその年1月1日にその物件を所有していた者(つまり売主)に対して課せられます。買主に固定資産税の納税義務はありませんが、慣習により売買後の期間に対応する部分の固定資産税相当額を売主に対して支払うことになります。これは、売主に対する土地建物の対価の支払の一

部と考えられることから、取得原価に含めなければなりません。

　この他に、土地建物の取得に際して支払う立退料、マンション建設等の住民対策費で一定のものなども、取得のために直接要する費用であることから、取得原価に含まれます。

---

(2) 固定資産の取得原価に算入せず、支払時の費用とすることができるもの

　次の費用については、売却までの日割りの精算金や、一種の事後的費用であることから、支払時の費用とすることができます。

【各種精算金】
　マンションの場合、管理費・修繕積立金・駐車場料金等の毎月かかる費用も日割計算して売主と精算します。

【不動産取得税】
　不動産を相続以外で取得した場合、登記の有無にかかわらず不動産取得税がかかります。一定の要件を満たす場合は、軽減される場合もあります。

【登録免許税】
　不動産の登記のときに納める税金で、登記の内容によって税率が異なります。一定の要件を満たせば、軽減される場合もあります。

【司法書士報酬】
　不動産の登記等の際司法書士に支払う手数料です。

【印紙代】
　不動産売買契約書の原本に添付する印紙代で、一般に売主・買主で折半します。原本を何通作成するのか事前に確認しましょう。

【融資関連費用】

保証料、印紙代、火災保険料、抵当権（担保）設定費用、事務手数料等。

この他に、契約を解除した場合に支払う「違約金」や、計画変更により不要となった物件に係る基礎工事などの費用も、支払時の費用とすることができます。

> ▶**税理士からのポイント**
>
> 　これらの諸費用を事前に計算しておくことで、資金計画やスムーズな契約成立に役立てましょう。ここでは概略の説明のみにとどめてありますので、実際に計算する場合は、関係法令等をご確認ください。

事例 24
海外慰安旅行を福利厚生費にするには

当社では、毎年秋に職員慰安旅行を実施しています。昨年は会社創立30周年にあたることから、5泊7日で海外旅行を実施し、社長、社員20名、外注先3名の合計24名が参加しました。社員一人当たりの費用は30万円で、全額会社が負担し、福利厚生費として費用に計上しました。ほぼ全員が参加し、不参加者について、金銭での支給は行っていません。

失敗のポイント

職員慰安旅行を問題なく会社の経費とするためには、社会通念上一般的に行われている職員旅行として、いくつかの要件があります（ポイント解説参照）。今回の海外慰安旅行は、この要件を満たしていませんでした。長期・高額であったにもかかわらず、福利厚生費に計上してしまったことが、今回の失敗のポイントです。

正しい対応

当該旅行については、福利厚生費とすることができません。

社長の旅行代金30万円については、役員賞与とされ、所得税が課税される他、損金の額に算入することができません。次に従業員の旅行代金600万円については、給与とされ、各従業員に所得税が課税されます。最後に外注先の旅行代金90万円については、交際費とされ、損金算入に制限を受けることになります。

[ポイント解説]

職員慰安旅行を問題なく会社の経費とするためには、社会通念上一般的に行われている範囲を逸脱していないことが必要です。

では、どの程度の海外旅行なら大丈夫なのでしょうか。具体的には次の①〜④の全てを満たしている海外旅行であれば、福利厚生費として会計処理をすることができます。

①日数について
海外での滞在日数が4泊5日以内であること（機内での寝泊まりは1泊としてカウントしません）
⇒この例の場合、5泊7日であることから、仮に②以下の要件を満たしていても、社会通念上一般に行われている職員旅行とは認められません。

②費用の負担について
会社負担額が社会通念上一般に行われている職員旅行の範囲であること。
⇒一人30万円なので、該当しません。この金額は行事ごとに判断し、数年に一回の旅行だったとしても、1年あたりに引きなおすなどの考慮はすべきではありません。

③旅行に参加する従業員等の数が全従業員数（支店等で行う場合は支店等の従業員数）の50％超であること。
⇒この例の場合該当します。

④自己の都合で旅行に参加しなかった人に、金銭を支給しないこと
⇒この例の場合該当します。

　もし支給してしまうと、①〜③の要件を満たしている場合でも、旅行に参加しても現金をもらっても給与とされてしまいます。
　②については、官公庁及び民間企業からの依頼により調査を行っているE社のアンケート結果によれば、海外への社員旅行を実施した企業について次のようなデータがあります。

調査実施年月	平成11年7月	平成16年3月	平成21年12月
1 海外旅行費用平均額	112,421円	108,000円	81,154円
2 1の内、会社負担額	69,089円	74,000円	56,889円
3 会社負担割合	61.5%	68.5%	70.1%

（国税不服審判所HPより）

▶**税理士からのポイント**

　これらの要件を全て満たして海外旅行を実施した場合には、旅行費用の請求明細書・領収書、パンフレット、写真等の証拠資料を整理して残しておくようにしましょう。

事例 25
モデルハウスの耐用年数

　弊社は、創立当時から「木造の家」にこだわっています。

　家は人生で一番大きい買い物であることから、お客様も真剣に多くの情報を集めていらっしゃいます。そして「木造住宅」を実際に見て、家族全員で「住みたい」と意見が一致したとのことで、弊社に依頼されるケースが多くあります。そこで、少しでも多くの方に木造の家を実際にみてもらおうと、モデルハウスを出展しました。

　弊社では当期首に、地主との賃貸借期間が3年の土地に、建築費4,800万円でモデルハウスを建築しました。そして、毎年1,600万円ずつの減価償却費を計上することにしました。

会計的には3年間で費用化したいところですね。しかし、固定資産については、資産の種類・細目ごとに、法律で定められた耐用年数で減価償却を行わなければなりません。「賃貸借期間が3年間なので償却期間も3年」としたことが失敗のポイントです。

モデルハウスは仮設の建物に該当し、耐用年数は7年が適用されます。建物の場合、減価償却は定額法で、耐用年数7年の定額法償却率は0.143ですから、毎年の減価償却費は、6,864,000円になります。

そして、取壊年度に3年目の減価償却費6,864,000円と、除却損として未償却残高27,408,000円を計上することになります。

[ポイント解説]

　モデルハウスは「展示用建物」に該当します。展示用建物は、外見上は一般の住宅と変わりませんが、その内容は、電気設備はあっても給排水設備等がないなど、簡易なものとなっており、居住の用途には供されていません。おおむね3〜6年の展示期間終了後に、出展者の責任において撤去することとなっており、敷地については、借地権の設定はありません。

　本ケースの場合、賃貸借期間終了後には、解体してしまうため、3年間で減価償却を行い、毎年1,600万円の費用を計上する方が、解体年度の費用が大きくなりすぎず、費用が平準化できるように感じます。では、そのような会計処理をすることはできないのでしょうか。

　耐用年数の短縮は、所轄税務署長の承認を受ければできますが、承認を受けることができるのは、次の事由※により「使用『可能』期間」が法定耐用年数に比べて物理的・客観的に短縮された場合に限られています。

　従って「使用『予定』期間」が短くなっても短縮の承認は受けられません。

※耐用年数の短縮の事由
①その資産の材質又は製作方法がこれと種類及び構造を同じくする他の減価償却資産の通常の材質又は製作方法と著しく異なること。
②その資産の存する地盤が隆起し又は沈下したこと。
③その資産が陳腐化したこと。
④その資産がその使用される場所の状況に基因して著しく腐しょくしたこと。
⑤その資産が通常の修理又は手入れをしなかったことに基因して著しく損耗したこと。
⑥〜⑧　省略

▶**税理士からのポイント**

　耐用年数の短縮については、上記の理由により物理的・客観的に利用ができないということを証明できるかどうか、というところがポイントで、「不動産賃貸業を営む個人が、賃貸借期間10年経過後に取り壊しが決まっている建物につき税務署長に短縮申請をし、却下されてしまった」というケースもあります。短縮できない場合は、法定耐用年数により減価償却してください。

事例26 固定資産税相当額が課税売上とされた

　当社は、棚卸資産である土地建物を主に個人を対象として販売する不動産業者である法人です。

　土地5,000万円、建物2,160万円（税込）で1棟売却し、未経過固定資産税相当額として、50万円を受領し、租税公課勘定を減額する経理処理をして、消費税の課税売上には建物2,000万円のみ計上、税務申告を行いました。

　税務調査により、未経過固定資産税相当額50万円についても建物にかかる固定資産税相当額については、課税売上として消費税の申告を行うよう、指導を受けました。

失敗のポイント

固定資産税は消費税がかからない費用であり、その未経過部分を受領したのだから、これについても消費税がかからないと認識していた。

また、相手が個人であるため、課税仕入れとして計上するものでもないと考え、消費税の課税売上として計上しませんでした。

正しい対応

未経過固定資産税相当額50万円を売買価額で按分、建物相当と考えられる150,837円を課税対象として、建物2,160万円と合わせて消費税の申告をする必要があります。

500,000円×2,160万円／7,160万円＝150,837円

消費税の課税売上には、建物2,160万円と固定資産税相当額150,837円の合わせて21,750,837円×100／108＝20,139,663円　が課税売上となります。

[ポイント解説]

　未経過固定資産税相当額については、地方公共団体に対して納付すべき固定資産税そのものではなく、あくまでも私人間で行う利益調整のための金銭の授受であり、不動産の譲渡対価の一部を構成するものとして、課税対象となるものとして、消費税法基本通達10-1-6に規定があります。

　したがって、未経過固定資産税相当額も譲渡対価を構成するものとして、消費税の課税対象、これは相手が個人であっても変わりません。

　経理処理も売上として計上、支払った固定資産税は原価として、会計処理を行います。そのため、消費税の課税売上として計上漏れも考えにくくなります。

　実務上、未経過固定資産税の土地建物の按分は、固定資産税の金額で按分するか、売買価額で按分するかで行います。

　土地の譲渡には消費税がかかりませんので、土地の方に多く按分した方が消費税の負担が少なくなります。

> **▶税理士からのポイント**
>
> 　契約時に土地代金、建物代金、そして固定資産税相当額を明確に按分、消費税額も記載するようにして、按分基準も明確にする必要があります。

事例27 売買契約書に建物の消費税額を記載しなかった

　当社は、不動産の仲介を行う業者です。今回個人の所有するマンションの一室の売買を仲介しました。売買契約は12月で、慌ただしく業務に追われており、また個人同士の売買であったことから、売買契約書には取引総額の記載のみで建物の消費税金額の記載をしていませんでした。

　3月になり、買主の方から事業所得があり、確定申告をしなければならないが、建物の消費税額の記載がないため、確認してほしい旨の連絡がありました。

失敗のポイント

売買契約書にはかならず消費税の記載をしなければなりません。不動産取引には、消費税が課税されるものと課税されないものとがありますが、建物売買には消費税がかかるため、建物部分の消費税額を契約書に記載する必要があります。消費税導入に合わせて出された建設省（現国土交通省）の通達により、不動産業者が作成する売買契約書には消費税を明記することとなっており、これに違反するものは宅地建物取引業法の規定により50万円以下の罰金に処される場合があります。

正しい対応

売買契約書には、敷地権の金額と建物の金額及び消費税、若しくは取引総額と消費税を記載することが必要です。

　　建物　　　　○○円（うち消費税○○円）
　　敷地権　　　○○円
　又は、
　　売買代金　　○○円（うち消費税○○円）

建物の金額と敷地権の金額を記載する場合もありますが、実務上、取引金額として合計の金額を売買契約書に記載することは多く見受けられます。ただし、この場合にも消

費税の金額は記載するため、消費税の金額から建物の金額を逆算して求めることが可能です。

［ポイント解説］

　消費税法上、土地及び土地の上に存する権利の譲渡、貸付けは非課税取引となります。本事例のマンション一室の売買には建物と土地の上に存する権利としての敷地権の両方の取引となるため、敷地権部分には消費税は課税されませんが、建物部分は消費税が課税されます。売買契約書には、宅地建物取引業法により消費税の記載が必要であり、記載しない場合には50万円以下の罰金に処されます。また、不動産業者に対する行政処分もありますので、注意が必要です。

▶税理士からのポイント

　不動産の売買契約は高額な資産を対象とする大事な書類です。書類の作成に不備があるとお客様にご迷惑がかかるだけでなく、宅地建物取引業法などの関係法令の違反ということで罰則、または行政処分の対象にもなりかねないため、十分な注意をすることが必要です。

事例28 駐車場の賃貸借契約書に消費税の記載をしなかった

　当社は、不動産の仲介を行う業者です。今回駐車場の賃貸仲介を行いました。貸主のお客様はほかにも不動産の貸付けを行っており、消費税の申告義務がありましたが、今回の駐車場の賃貸借取引には別途消費税の記載がされておらず、お客様は駐車場の貸付け部分を入れず消費税の申告を行ったところ、税務調査を受け、指摘されてしまいました。

失敗のポイント

駐車場の貸付けについては、それが施設の利用に付随して土地が使用される場合は消費税の課税の対象となります。したがって、アスファルト舗装などの地面の整備またはフェンス、区画、建物の設置などをして駐車場として使用させる部分は消費税の課税の対象となります。

正しい対応

駐車場の貸付けについては、その駐車場が施設としての貸付けになるのかどうかを確認し、アスファルト敷きやフェンスが設置されているなどで、施設としての貸付けに該当する場合には、賃貸借契約書に消費税の記載をする必要があります。

［ポイント解説］

　消費税は、事業者が事業として行う資産の譲渡、貸付け及び役務の提供を課税の対象としています。その中で、課税の対象としてなじまない取引や社会政策的配慮から消費税を課税することが適当でない取引については、非課税取引として例外的に消費税を課税しないこととしています。

　本事例について、ポイントとなるのは駐車場の貸付けが非課税規定の「土地の譲渡及び貸付け」として非課税となるのかどうか、という点です。土地の貸付けで期間が1月以上の場合、それが施設としての貸付けに該当するかどうかで課税、非課税が決まります。

　したがって、現場の状況によりアスファルト舗装やフェンスの設置など駐車場施設となりうる状況なのかどうかをよく確認する必要があります。

［消費税が非課税とされる取引］

・土地の譲渡、貸付け（施設としての貸付け及び1月未満の貸付けを除く。）

・有価証券及び支払手段その他これらに類するものの譲渡

・利子を対価とする金銭の貸付け及び保険料を対価とする役務の提供その他これらに類するもの

・一定の者が行う郵便切手類、印紙及び証紙の譲渡並びに物品切手等の譲渡

・行政手数料、外国為替業務などに係る手数料を対価とする役務の提供

・健康保険法などの規定に基づく療養、医療などの資産の譲渡等

・介護保険法などの規定に基づく居宅サービスなどの資産の譲渡

等
・身体障害者用物品の譲渡等
・助産に係る資産の譲渡等
・埋葬料、火葬料を対価とする役務の提供
・学校教育法などの規定に基づく教育として行う役務の提供
・学校教育法の規定に基づく教科用図書の譲渡
・契約により居住用とされる住宅の貸付け（施設としての貸付け及び1月未満の貸付けを除く。）

▶税理士からのポイント
　駐車場の貸付けについては、状況をよく確認し、消費税がかかる場合には賃貸借契約書にきちんと明記し、お客様にご説明することがトラブル防止となります。

事例 29

建物管理組合に対する管理費の支払い

　当社は複合商業施設の建物にかかる管理、運営を営んでおります。今回区分所有する建物の共同管理費を支払い、課税仕入れとして経理処理し、消費税の申告を行ったところ、税務調査で管理費の支払いは資産の譲渡等には該当せず、課税仕入れとして処理することはできないと指摘されてしまいました。

失敗のポイント

　課税仕入れとして、消費税の計算上、仕入税額控除ができるのは、課税資産の譲渡等に該当するもので輸出免税取引以外のものです。まず、資産の譲渡等に該当し、なおかつ、非課税及び輸出免税に該当しなければ、課税仕入れとして、仕入税額控除をすることができるため、取引がどのような実態を備えているか、確認する必要があります。

正しい対応

　建物管理組合に対する管理費の支払いは管理組合の構成員としての地位に基づき、支払っているものに過ぎず、管理業務の役務の提供の対価として支払うものでないことから、資産の譲渡等に該当せず、消費税の課税対象外であり、課税仕入れとして仕入税額控除を行うことはできません。

　反対に建物管理組合側での処理としては、管理収入は役務の提供の対価として収受するものでない以上、資産の譲渡等には該当せず、いわゆる不課税取引として消費税の課税対象とはなりません。

[ポイント解説]

　消費税は、事業者が事業として対価を得て行う資産の譲渡、資産の貸付け及び役務の提供を課税の対象としている以上、組合等がその構成員から受け取った組合費等に消費税が課されるか否かは、組合等がその構成員に対して行う役務の提供と組合費等との間に明白な対価関係があるかどうかにより定まるところです。

　建物管理組合が行う管理業務は、管理組合の構成員である区分所有者の共同の利益のため行う業務であるとはいえ、管理組合の構成員たる地位に基づいて負担するものに過ぎないと認められます。とすると、区分所有者である当社が支払う管理費は、何らかの資産の譲渡等の対価として支払っているものではないから、課税仕入れにすることができないことになります。

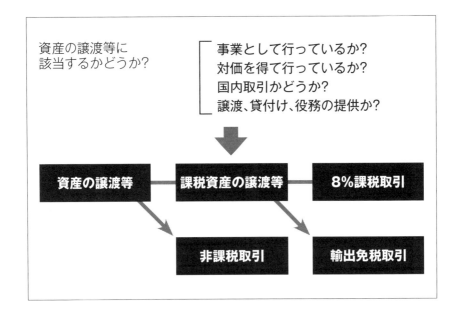

▶**税理士からのポイント**

　課税仕入れのポイントは、相手方において課税資産の譲渡等に該当するものかどうか、というところになります。取引の実態を確認し、資産の譲渡等としての要件をすべて満たしているものなのかどうかをよく確認する必要があります。相手方としても課税売上として計上することになるため、事前に確認することでトラブルを防止することができます。

事例30 売買契約書に建物代価0円とある場合の課税仕入れはどうするか

当社は鉄筋コンクリート造の4階建てビルを取得しました。売買契約書には建物が0円となっているため、消費税の計算における課税仕入税額を0円と処理しました。しかしながら、当社ビルの固定資産評価額は1億円以上であり、当社はリフォーム後に継続利用していることから、課税仕入税額を合理的に見積もるべきであったと反省しています。

失敗のポイント

土地と建物の売買は、それぞれの金額を合理的に算定して金額を決定することが大事です。今回の契約は建物が0円と明記されており、これは契約書記載の建物の価額が当事者の契約意思を表示するもので、お互い建物は0円で合意があったと考えます。

正しい対応

　土地建物を同時に取得した場合、建物代価をいくらにするかという問題には、税務上次のような問題があります。

　建物を取得後利用するかどうか、または利用にあたって大規模な修繕や改修が必要となるか、・・・利用が見込まれないときや、古い建物で利用するにあたって多額の費用が見込まれるような場合には、建物代価が０円または少額であっても問題はないと思われます。

　一方、取得後も自社使用または賃貸にするような場合には、取得後の建物等の減価償却費計上による節税効果、および、建物取得時の消費税の仕入税額控除の問題があります。

　以上の問題を総合勘案して、売主との売買契約書の締結にのぞみ、建物代価と建物代価に係る消費税額を決定することが重要となります。

[ポイント解説]

　消費税法では仕入税額控除の要件として帳簿及び請求書等の保存があります。

　契約書や請求書に記載されている金額を基にして計算を行うことが前提となっています。事業者が独自に作成したとしても、その書類は除かれることになります。よって契約書が計算の基となります。

　消費税の導入以降は契約書に消費税額を明記することが通例となっているようです。

　土地と建物が区分されていない場合はどうでしょうか。

　契約書に土地と建物金額が記載されていない場合は、消費税法では合理的に区分されていない場合は「時価比による按分」と規定されています。

　「時価比」といっても分かりにくいのですが、判決・裁決の事例では合理的な按分の方法として固定資産税評価額での按分方法が使われています。

　理由としては土地建物の固定資産税評価額を使用する方法は、固定資産税の評価額の建物の場合は再建築価額を基に計算されます。土地は地価公示価格や売買実例などを基に計算されます。たとえば中古物件の場合などは、時価を反映されていると考えられるようです。

▶**税理士からのポイント**

建物に係る消費税については、売主の売上に係る課税消費税額と、買主の負担する課税消費税額は一致することが原則です。一般的には、売買契約書に明示することが原則となります。

　マンション等売買にあたって、建物の代価の記載がなく、消費税の金額が不明なものも見受けられますが、売主の税務調査等で合理的な計算によって、建物の課税売上の消費税の負担が生じますのでご留意ください。

事例31
事業用不動産を取得から1年経過後に居住用賃貸不動産に転用した

　当社は、不動産賃貸事業を行う法人です。当社は税抜8億円（土地5億円、建物3億円）でマンション1棟を取得し、ウィークリーマンションの賃貸事業を開始しましたが、業績が芳しくないため、1年経過後に当該マンションを居住用賃貸に転用しました。また、以前から仕入税額控除の金額を個別対応方式により計算しています。転用に伴い特段の処理を行わず、消費税の申告を行ったところ、税務調査において課税仕入税額の否認を受けてしまいました。

失敗のポイント

マンションを課税であるウィークリーマンション賃貸事業の用に供する目的で取得しましたが、1年経過後に非課税である居住用賃貸業に転用しました。課税業務用から非課税業務用に転用した場合に該当するため、転用した事業年度の消費税の申告において、調整対象固定資産を転用した場合の仕入れに係る消費税額の調整が必要でした。

正しい対応

ウィークリーマンションの建物に係る消費税額2,400万円（3億円×8％＝2,400万円）、取得価額が100万円以上であり、取得日から1年超2年以内に転用を行っているため、1,600万円（2,400万円×2／3＝1,600万円）を転用した事業年度の仕入税額から控除する必要があります。

[ポイント解説]

「調整対象固定資産を転用した場合の仕入れに係る消費税額の調整」

　課税事業者が国内において調整対象固定資産の課税仕入れを行い、かつ、その調整対象固定資産の課税仕入れに係る消費税額（以下、「調整対象税額」という）につき個別対応方式により課税資産の譲渡等にのみ要するものとして仕入れに係る消費税額を計算した場合において、その課税事業者がその調整対象固定資産をその課税仕入れから3年以内にその他の資産の譲渡等に係る業務の用に供したときは、その業務の用に供した日に応じ、以下のそれぞれの調整税額を同日の属する課税期間の仕入れに係る消費税額から控除します。

① 調整対象固定資産の課税仕入れから1年以内
　調整対象税額
② ①の期間の末日の翌日から1年以内
　調整対象税額の3分の2
③ ②の期間の末日の翌日から1年以内
　調整対象税額の3分の1

　本事例では、ウィークリーマンションの建物取得及び居住用賃貸への転用は下記のとおり、課税業務用から非課税業務用に転用した場合に該当するため、調整対象固定資産を転用した場合の仕入れに係る消費税額の調整が必要となります。

　1. 貴社が国内で取得したウィークリーマンションの建物は、その資産の課税仕入れに係る支払い対価の額の108分の100に相当するが一の取引単位につき100万円以上のものに当てはまるため、調整対象

固定資産に該当します。
2. 当該建物は課税であるウィークリーマンション事業の用に供する目的で取得されたため、取得時に個別対応方式により課税資産の譲渡等にのみ要するものとして仕入れに係る消費税額を計算したことに当てはまります。
3. 取得時から1年経過した後に、当該マンションを居住用賃貸事業に転用しておりますので、その課税仕入れから3年以内にその他の資産の譲渡等に係る業務の用に供したことに当てはまります。

▶**税理士からのポイント**

仕入税額控除の金額を個別対応方式により計算した場合において、課税業務用から非課税業務用又は非課税業務用から課税業務用に転用した場合には留意が必要です。

事例 32
賃貸アパートの取得時期の違いによる控除仕入税額の取扱い

　当社は、不動産賃貸事業を行う3月決算の法人です。当社はこれまでオフィス賃貸事業を行っており、新たに居住用賃貸事業を行うこととし、平成25年4月に居住用賃貸用のアパートを取得しました。当社の平成25年3月期及び平成26年3月期における課税売上高は概ね3億円で推移しております。

　当社はこれまで仕入税額控除の金額を個別対応方式により計算しており、平成26年3月期の課税売上割合は居住用賃貸事業を4月から開始したことで、100％から88％に低下したため、居住用賃貸事業の用に供する目的で取得した居住用賃貸用のアパートの建物に係る消費税額を課税標準額に対する消費税額から控除することができませんでした。

失敗のポイント

平成25年3月期における課税売上高が3億円でかつ、課税売上割合が100％であるため、仮に居住用賃貸マンションを前年の最終月（平成25年3月）に取得した場合でも、課税仕入れ等の税額の全額を控除することができました。

正しい対応

課税売上高が5億円以下でかつ課税売上割合が95％以上となる前年（平成25年3月）中に居住用賃貸マンションを取得することで、当該マンションの建物に係る消費税額を全額控除することができました。

[ポイント解説]

　課税期間の課税標準額に対する消費税額から下記のとおりに計算した課税仕入れ等の税額の合計額を控除します。
① 課税期間における課税売上高が5億円以下であり、かつ課税売上割合が95％以上である場合は、課税仕入れ等の税額の全額が控除されます。
② 課税期間における課税売上高が5億円を超えるとき又は課税売上割合が95％に満たないときは、控除する課税仕入れ等の税額の合計額は、次の方法によって計算した金額とします。
　1. 個別対応方式
　次のイにロを加算する方法を言います。
　　イ．課税資産の譲渡等にのみ要する課税仕入れ等の税額の合計額
　　ロ．課税資産の譲渡等とその他の資産の譲渡等に共通して要する課税仕入れ等の税額の合計額に課税売上割合を乗じて計算した金額

▶税理士からのポイント

　個別対応方式により非課税売上げに対応する課税仕入れに係る消費税額は課税標準額に対する消費税額から控除することができませんが、課税売上高が5億円以下でかつ課税売上割合が95％以上である場合には非課税売上げに対応する課税仕入れに係る消費税額であっても全額控除することができますので、非課税売上げに対応する課税仕入れの時期には留意が必要です。

事例33 資本金が1,000万円以上である場合の注意点

　当社は、平成25年4月1日に資本金1,000万円で設立した3月期決算の株式会社です。主として輸入取引を行っており、平成26年3月期には国内売上げが1,000万円ありました。設立初年度について、消費税の申告を行いませんでしたが、税務署から消費税の未申告を指摘されました。

設立初年度について、当社は基準期間がない法人に該当するため、消費税の納税義務が免除されると考え、消費税の申告を行いませんでしたが、資本金が1,000万円であるため、設立初年度における課税資産の譲渡等については、納税義務は免除されません。

当社は資本金が1,000万円であるため、設立初年度における課税資産の譲渡等については、納税義務は免除されません。また、設立初年度において課税資産の譲渡等が1,000万円ありますので、課税期間の末日の翌日から2月以内に、消費税の申告書を税務署長に提出する必要があります。

[ポイント解説]

「新設法人の納税義務の免除の特例」

　その事業年度の基準期間がない法人（社会福祉法人等を除く。）のうち、その事業年度開始の日における資本の額又は出資の金額が1,000万円以上である法人については、その基準期間のない事業年度に含まれる各課税期間における課税資産の譲渡等については、納税義務は免除されません。

　なお、国内における課税資産の譲渡等（輸出免税等により消費税が免除されるものを除く。）がなく、かつ、差引税額がない課税期間については消費税の申告書を税務署長に提出する必要はありません。

　本件では、当社は資本金が1,000万円であるため、設立初年度における課税資産の譲渡等については、納税義務は免除されません。また、設立初年度において課税資産の譲渡等が1,000万円ありますので、課税期間の末日の翌日から2月以内に、消費税の申告書を税務署長に提出する必要があります。

▶税理士からのポイント

　資本金1,000万円以上で設立した場合には、設立初年度及び翌年度について消費税の納税義務があることに留意が必要です。

事例 34
賃貸収入の消費税の経過措置

　当社は、オフィスビルの賃貸事業を行う法人です。当社は指定日（平成25年10月1日）の前日以前から各テナントと賃貸借契約を締結しており、当該賃貸借契約には、自動継続条項が定められており、いずれか一方からの解約がない限り、当初条件で自動的に賃貸借契約を継続しています。テナントとの契約のうち、自動継続条項の解約申出期限が平成26年1月1日のものがあり、解約申出期限が経過して自動継続された契約がありましたが、施行日（平成26年4月1日）以降の貸付けについて経過措置が適用されると思い、旧税率で経理処理し、消費税を申告しておりましたが、税務調査で経過措置が適用されず、新税率で適用されると指摘を受けました。

自動継続条項のある賃貸借契約で、解約申出期限を経過したときに当事者間の合意、すなわち新たな契約の締結があったものと考えられるため、解約申出期間が指定日以後の場合には、経過措置は受けられません。

自動継続条項の解約申出期限が平成26年1月1日の賃貸借契約に係る貸付けについて新税率8％が適用されます。

［ポイント解説］

「資産の貸付けの税率工事の請負等に関する税率等の経過措置」

　平成8年10月1日から指定日の前日（平成25年9月30日）までの間に締結した資産の貸付けに係る契約に基づき、施行日前から引き続き当該契約に係る資産の貸付けを行っている場合において、当該契約の内容が次の「①及び②」又は「①及び③」に掲げる要件に該当するときは、施行日以後に行

う当該資産の貸付けについては、旧税率が適用されます（改正法附則5④、改正令附則4⑥）。

① 当該契約に係る資産の貸付期間及びその期間中の対価の額が定められていること。

② 事業者が事情の変更その他の理由により当該対価の額の変更を求めることができる旨の定めがないこと。

③ 契約期間中に当事者の一方又は双方がいつでも解約の申入れをすることができる旨の定めがないこと並びに当該貸付けに係る資産の取得に要した費用の額及び付随費用の額（利子又は保険料の額を含む。）の合計額のうちに当該契約期間中に支払われる当該資産の貸付けの対価の額の合計額の占める割合が100分の90以上であるように当該契約において定められていること。

自動継続条項のある賃貸借契約で、例えば、解約する場合は貸付期間満了日の〇月前までに申し出ることとされている場合、解約申出期限を経過したときに当事者間の合意、すなわち新たな契約の締結があったものと考えるのが相当ですから、指定日の前日までに解約申出期限が経過して自動継続された契約に基づき、施行日前から施行日以後引き続き貸付けを行う場合には、その自動継続後の貸付けで施行日以後行われるものについてこの経過措置が適用されます。

▶税理士からのポイント

自動継続条項のある賃貸借契約について、解約申出期限が指定日の前日以前であるか留意が必要です。

事例35 不動産販売の消費税の経過措置

　当社は、分譲マンションの販売を行う法人です。当社は平成26年9月竣工予定の分譲マンションについて、事前にモデルルームを公開し、完成前の平成25年8月までに販売契約を締結しました。なお、当該マンションはモデルルームの仕様に限定され、注文者が壁の色又はドアの形状等について特別の注文ができないものとなっております。

　指定日の前日までに譲渡契約を締結したため、請負契約と同様の経過措置が適用されると思い、当該分譲マンション販売について、旧税率として経理処理をし、消費税の申告を行ったところ、税務調査で工事の請負等に関する税率等の経過措置の適用は受けられないと指摘されてしまいました。

工事の請負等に関する税率等の経過措置が適用される契約は、注文者が当該建物の内装若しくは外装等を決めることができる建物に係るものに限られます。よって、顧客の注文に応じることができない分譲マンションの販売について、経過措置は受けられません。

分譲マンションのうち、建物に係る部分について新税率8％が適用されます。

［ポイント解説］

「工事の請負等に関する税率等の経過措置」

　事業者が、平成8年10月1日から指定日の前日（平成25年9月30日）までの間に締結した工事の請負に係る契約、製造の請負に係る契約及びこれらに類する一定の契約に基づき、施行日以後に当該契約に係る課税資産の

譲渡等を行う場合には、当該課税資産の譲渡等（指定日以後に当該契約に係る対価の額が増額された場合には、当該増額される前の対価の額に相当する部分に限ります。）については、旧税率が適用されます。

　上記の契約には、建物の譲渡に係る契約で、当該建物の内装若しくは外装又は設備の設置若しくは構造についての当該建物の譲渡を受ける者の注文に応じて建築される建物に係るものも含むこととされています。この場合の「注文に応じて」とは、譲渡契約に係る建物について、注文者が壁の色又はドアの形状等について特別の注文を付すことができることとなっているものも含みます。

　よって、建物の購入者の注文を全く付すことができないマンションを譲渡した場合、経過措置は適用されません。

> ▶**税理士からのポイント**
>
> 　工事の請負等に関する税率等の経過措置により、旧税率が適用されるのは、指定日（平成25年10月1日）の前日までに締結したマンション販売のうち、建物の購入者の注文を付すことを認め、その仕様に基づいて内装等をして建物を譲渡した場合に限ります。よって、仕様の変更ができないマンション販売を行う場合には留意が必要です。

事例36 事務所家賃に係る消費税の取扱い

　当社は、オーナーとサブリース契約をして賃貸業を営む不動産業者です。主に、法人対象のテナントビルを取扱っており、事務所として賃貸借契約を締結しています。

　契約書には、賃料を建物部分と土地部分に区分して記載しているため、建物部分に係る賃料は課税売上、土地部分に係る賃料は非課税売上として消費税額を計算しておりました。

　今般、税務調査があり、建物部分だけでなく土地部分に係る賃料についても、建物の貸付けの対価として全額が課税対象になると指摘を受けました。

失敗のポイント

消費税法上、事務所の貸付けの対価として収受する賃料については、土地部分と建物部分に区分する契約をしている場合でも、それぞれの賃料の合計額を建物部分の賃料とすると解釈することとなっています。

つまり、土地部分の賃料は、非課税とされる土地の貸付けには該当しないとされています。

正しい対応

事務所の貸付けの対価として収受する家賃については、消費税法施行令第8条『土地の貸付けから除外される場合』に規定されているとおり、施設の利用に伴って土地が使用されているため、土地部分に係る賃料についても、課税対象となります。

また、事務所家賃の他に、消費税法基本通達6-1-5『土地付建物等の貸付け』に規定されているとおり、建物、野球場、プール又はテニスコート等の施設の利用が土地の使用を伴うことになるとしても、その土地の使用は、非課税とされる土地の貸付けに含まれません。

［ポイント解説］

　消費税法上、非課税とされる取引は、①税の性格から課税することになじまない取引、②社会政策的な配慮が必要な取引、として限定列挙される形式で規定されています。

　　①土地の譲渡・貸付け（貸付期間が1月未満の場合及び駐車場などの施設の利用を伴う土地の貸付けを除く）
　　②有価証券等の譲渡
　　③利子を対価とする金銭の貸付け
　　④物品切手等の譲渡
　　⑤行政手数料等
　　⑥健康保険法等に基づく資産の譲渡等
　　⑦身体障害者用物品等の譲渡等
　　⑧埋葬料等を対価とする役務の提供
　　⑨学校教育法等に基づく教育、教科用図書の譲渡
　　⑩契約により居住用とされる住宅の貸付け（貸付期間が1月未満の場合及び旅館などの施設としての貸付けを除く）

　これら非課税とされる取引のうち、今回の事例に関連するものとして①が該当します。
　土地の貸付けのうち、施設の利用に伴って土地が使用される場合には、その土地の貸付けは非課税には該当せず、課税対象となります。
　一方で、事務所家賃を支払う相手方は、家賃の全額が仕入税額控除の対象となります。

▶**税理士からのポイント**

　今回の事例のように土地付き建物の貸付けの場合には、対価の全額が課税対象となる一方で、類似の取引で消費税の取扱いが異なるものとして以下の2つが挙げられます。

(1) 土地付き建物の一括譲渡

　　　建物の対価は課税、土地の対価は非課税となります。

(2) 居住用の住宅としての建物の貸付け

　　　対価の全額が非課税となります。

　　　尚、居住用・事業用の併用をしている場合には、使用割合で按分し、事業用部分の対価は課税、居住用部分の対価は非課税となります。

事例37 海外居住者に支払う家賃

　当社は、国内企業に勤務するＡさんより所有する事務所を賃借しています。家賃は国内の金融機関のＡさんの口座に振込みしています。先般、Ａさんから「会社からの転勤命令により３年間海外に勤務することになりますが妻は国内に残っているので家賃の振込みは従前と同じように、国内のＡさんの口座に振り込んでください」との依頼がありました。

　当社としては、契約書の変更もせず振込みを続けていました。ところが、税務調査があり、Ａさんが国外勤務となった以後の家賃は、「非居住者に支払う不動産の賃借料」に該当することから、所定の税金を控除（源泉徴収）しなければならないと指摘を受けました。

失敗のポイント ✕

国外居住者（税法では非居住者といいます）に対して、法人が家賃等を支払う場合には、その支払金額の20.42％の税率による所得税および復興特別所得税の源泉徴収が必要となります。

正しい対応

　最近の不動産をとりまく経済情勢はグローバル化しており、不動産の所有者や貸借人が外国企業や外国人であるケースが増えてきています。事例のように国内居住者が海外勤務によって、税法でいう非居住者となるケースもありえます。

　家賃を受けるAさんは、国内に勤務をしていたときには不動産所得の確定申告をしていたものと思いますが、国外勤務となって非居住者になったとしても、家賃が源泉徴収されていたかどうかにかかわらず、所得税および復興特別所得税の確定申告の必要があります。

[ポイント解説]

　税金の考え方において、日本国内において生じた収益（所得）に対して、所得を得た人が国内居住者はもちろんのこと、非居住者も納税の義務が発生します。特に、非居住者においては、所得の把握や納税について困難が予想されることから、所得税法において「国内源泉所得」を定義して、支払者に対して源泉徴収義務を課し、税の徴収モレを防止する施策が講じられています。

　事例のように、非居住者に支払う不動産の賃料もその対象となっています。例外として、個人が本人またはその親族が居住の用に供するために借受けて、所有者である非居住者に支払う家賃については、源泉徴収の必要はありません。Aさんの場合は、物件が事務所であること、また支払者が法人であることから源泉徴収義務を免れることはできません。所有者であるAさんには、税法の規定を説明して、確定申告の義務が生じることも理解していただくようにしてください。

　なお、Aさんが事務所家賃のほかに、共益費の性格を有する管理費等を収受しているような場合には、「管理費」も家賃と同様源泉徴収の対象となるものと考えられます。

　非居住者に対して支払うもので源泉徴収義務があるものに、「不動産の賃貸料」のほかに、「土地等の譲渡」の規定があります。いずれも不動産業を営む会社にとっては、発生する可能性が多いものです。仕組みを理解して源泉徴収モレのないようにしてください。

源泉所得の種類	所得税・復興特別税	納付の方法
不動産の賃貸料	20.42％	支払った月の翌月10日まで納付
土地等の譲渡対価	10.21％	支払った月の翌月10日まで納付

　「土地等」の範囲には、土地または土地の上に存する権利（借地権等）、建物およびその付属設備、構築物が含まれます。いわゆる「不動産の譲渡」の対価は対象になることにご留意ください。

　なお、個人が自己またはその親族の居住の用に供するために、非居住者から土地等を購入した場合であって、その土地等の譲渡対価が1億円以下であるときには、支払いの際源泉徴収をしなくても良いという例外規定があります。

▶**税理士からのポイント**

　非居住者に対して、家賃や不動産購入代金を支払う場合には、「源泉徴収義務」を確認する必要があります。代金を国内金融機関の口座に振り込む場合であっても、対象となります。

　海外転勤等もありますので、賃貸人や譲渡者（譲渡の場合には登記の実行がからむため国外への住所移転は知ることが可能と思いますが）との連絡や通信において、非居住者に該当するかどうかを知る機会がありますので担当者に対して日頃から教育や研修を行っておくことが重要となります。

事例38 社員の自家用車の借上げ料

　当社は、不動産賃貸仲介を主として営業を行っている不動産業です。

　入居希望者の現地案内をするために、社有車も店舗に2台ずつ保有していますが、入居シーズンには社有車では不足することから、社員の自家用車を借上げ使用しています。借上げの頻度は月および担当者によって一定ではありません。

　社員に対しては、通勤手当を含めて一律月額5万円の借上げ料を支払っています。通勤手当であり、借上げ料に対する各人の燃料費等の実費相当分もあることから、全額非課税として年末調整の支給金額には含めておりません。

　先月の税務調査において、全額非課税扱いは問題があると指摘をうけましたが、何が問題なのでしょうか？

失敗のポイント

借上げ料の人ごとや日にちごとの管理が大変なことから、全員一律の通勤手当として支給したものと思われますが、税務上は「通勤手当」と「借上げ料」を分けて考える必要がありました。「通勤手当」は税法上、通勤距離に応じての非課税限度額が定められており、また、「借上げ料」は社員の私有車の使用実績に応じた実費相当分であるかどうかが問題とされています。いずれも相当である金額を超える場合には、「給与所得」または「雑所得」として課税の問題が生じます。「給与所得」とされた場合には、「源泉所得税」を控除すべきものとされます。

正しい対応

(1)「通勤手当」

　税法においては、社員が勤務場所に通勤するために、バスや電車などの交通機関を利用しているか、事例のように自家用車などの交通用具を使用しているか、また定期券を利用しているかなどによって細かく非課税限度額が定められています。通勤距離と交通手段を調査する必要があります。

(2)「借上げ料」

　社員の自家用車を利用して、出張や業務に係る旅費等に代えて金銭支給する場合には、走行距離等の使用実績の把握と燃料費や車両維持費等の実費相当分としてkmあたり

〈事例38〉社員の自家用車の借上げ料

> 妥当であるかの検証が必要となります。実費弁償として相当であると認められる場合には、支給する会社は旅費等として経費処理が可能であり、支給を受ける社員は非課税の収入となります。

[ポイント解説]

まず、「通勤手当」から検討します。バスや電車または定期券を利用しての通勤でなく、自己所有の自家用車を利用して通勤しているケースと限定して説明します。

下記の表は、平成26年10月に施行された引き上げられた「通勤手当」の非課税限度の一覧表です。

通勤手当の1ヶ月当たり非課税限度額（平成26年4月1日以後適用）		
自動車や自転車などの交通用具を使用している人に支給する通勤手当	通勤距離が片道55km以上	31,600円
	通勤距離が片道45km以上55km未満	28,000円
	通勤距離が片道35km以上45km未満	24,400円
	通勤距離が片道25km以上35km未満	18,700円
	通勤距離が片道15km以上25km未満	12,900円
	通勤距離が片道10km以上15km未満	7,100円
	通勤距離が片道2km以上10km未満	4,200円
	通勤距離が片道2km未満	全額課税

社員の自宅から会社までの片道通勤距離を計算して、支給している「通勤手当」のうち非課税限度額と超過額を判断してください。ここで注意することは、実際に自宅から自家用車で通勤していたとしても、通勤距離が片道2km未満であれば全額が課税対象となることです。
　次に、「借上げ料」として実費相当額であるかどうかを検討します。
　各人が、業務のため自家用車を使用した場合の管理を適正にします。①使用した日時②使用目的③走行距離④高速通行料および駐車料金などの付随費用などを、各人ごとに管理した「借上げ車両管理台帳」に記載します。
　「借上げ車両管理台帳」の実績をもとに、原則毎月精算します。精算方法には、いくつかの方法が考えられますが、④の付随費用は実費として、走行距離1kmあたり10円とか妥当な金額で精算する方法が考えられます。

▶税理士からのポイント

　事例の場合、通勤手当と借上げ料を一括して「非課税通勤手当」としたことが問題です。望ましいのは「通勤手当」と「旅費交通費」として分けて管理すべきです。いずれも適正な金額であれば支給を受けた社員は非課税所得であり、支給した会社側も経費算入できます。なお、会社の支払った金額が適正と認められれば、消費税法上、控除対象仕入税額とすることができます。

事例 39

功労社員に対する現物支給による給与課税

　功労が認められた社員に対して当社の自社商品の中から社員に功労賞として支給をしました。この功労賞に対して給与所得として課税しなければいけないことが分かり、その後税金を差し引かなければならない状況になりました。

失敗のポイント

　たとえば事務の作業の合理化、製品の品質の改善など会社に功労があった人に対して支給する場合、通常の業務内で行っている場合は給与所得となります。

　功労でも永年勤続者への支給の場合は非課税になる場合があります。

自社商品の金額判断は通常他に販売するものを支給する場合は、

製造業者が自社製品を支給する場合
　　……製造業者販売価額
卸売業者が取扱商品を支給する場合
　　……卸売価額
小売業者が取扱商品を支給する場合
　　……小売価額

の金額を基に給与課税をします。

［ポイント解説］

名目は何であれ基本的には給与課税が基本となります。

ただし、永年勤続者に対して記念品等（旅行・観劇などを含む）の支給の場合は、

- その金額が勤続年数を考え社会通念上妥当と認められる金額であること
- 期間が10年以上勤務した人を対象として、なお、2回以上支給する場合は5年以上の間隔をおいて実施する

のどちらにも該当する場合には課税はありません。

旅行券の支給に関して

　旅行券は一般的に有効期限が無く、また換金性があり、現金の支給と変わらないことから原則としては給与として課税されます。

　ただし、

　　・旅行の実施は旅行券支給の１年以内
　　・範囲は、旅行券の額から妥当なもの（海外も含む）
　　・旅行を実施したときは所定の報告書・確認できる資料の提出
　　・１年以内に実施しなかった場合・残った場合は会社へ返す

この要件を満たしている場合は課税の必要はありません。

▶**税理士からのポイント**

　自社製品を社員に対して市販の価額より一定額の値引きをして、販売することがあります。売上拡大の戦略として考えられることです。この場合であっても原価をわる価額での販売の場合には、社員は何らかの経済的な利益を享受したものとして給与課税とされ、源泉所得税の徴収等が求められます。

　事例の場合は、功労賞という名目であっても自社商品であっても「無償取得」であるので社員に対して給与課税されます。

事例40 社員数が変動する場合の源泉徴収の納期の特例

　当社は現在源泉徴収の納期の特例を受けていますが、今後期間限定で増員し、その後もとの社員数に戻る予定です。状況を考えるともとに戻ることなので、そのまま手続きはしませんでした。

失敗のポイント

　納期の特例は給与の支給人数が10人未満である納税義務者について認められます。

　この納期の特例の要件に該当しなくなった場合は届出書の提出が必要です。

人数が10人以上となった時点で「源泉所得税の納期の特例の要件に該当しなくなったことの届出書」の提出をします。この場合は遅滞無く提出となっています。

納付はその届出の属する月の翌月10日までとなります。

その後は各月に徴収した税金は毎月翌月の10日までの納付となります。

［ポイント解説］

納期の特例とは

(1) 1月から6月までに支払いした給与等から差し引いた所得税・復興特別所得税は7月10日の納付期限となります

(2) 7月から12月までに支払いした給与等から差し引いた所得税・復興特別所得税は翌年1月20日の納付期限となります

　納期の特例の要件に該当し、この特例を受ける場合には、いつでも申請することが出来ます。所轄する税務署長に「源泉所得税の納期の特例の承認に関する申請書」を提出して承認を受けます。

　この申請書を提出した日の属する月の翌月末までに税務署長より通知が

無い場合は承認されたことになります。

　申請月の翌々月に納付する分から特例が適用になります。

納付の特例となる源泉所得税とは
　①給与及び退職金の所得税及び復興特別所得税
　②弁護士・司法書士・土地家屋調査士・公認会計士・税理士・社会保険労務士・弁理士・海事代理士・測量士・建築士などの報酬の所得税及び復興特別所得税
となります。

> ▶税理士からのポイント
> 　「源泉所得税の納期の特例」は、小企業にとっては計算納付の簡便化と資金繰りにとって有用です。一方、6ヶ月分をまとめて納付するため資金繰りに予定していないと延滞税の発生が生じるリスクがあります。
> 　月々の支給人数が10人未満という点でいえば、規定では「常時」10人未満ということです。したがって、平常時の人員の数であり、アルバイト等の臨時の雇用者は含みません。常時雇用人数が10人以上になった場合には、届出をして毎月納付をしなければなりません。

事例 41
従業員とお客様と合同の慰安旅行の取扱い

　当社は、地主のアパートに賃貸斡旋仲介と不動産管理を行っています。今回、大家さんと社員の親睦をかねて合同の慰安旅行を企画しました。税制改正によって、中小企業においては、交際費が年額800万円までは課税されないと聞きましたので、経理には、旅行にかかった費用を全額「福利厚生費」として処理をするように指示をしました。問題がありますか？

従業員とお客様との合同の慰安旅行での、お客様に係る費用は接待目的で支出するものであるので「福利厚生費」は間違いで「交際費」で処理します。また、「福利厚生費」とは、従業員の福利厚生のために支出する費用をいいます。事例の場合、従業員の福利厚生の一面はあるのでしょうが、お客様を接待することが主目的でお客様のお付きの面が強いように思われます。その点からいえば、全額を「交際費」と処理するほうが無難と考えます。

　なお、中小企業が支出する交際費については、平成28年3月31日までに開始する事業年度においては、年間800万円までの定額控除限度額が設けられています。

　失敗のポイントで記したように、全額を「交際費」とします。なお、慰安旅行が豪華旅行である場合には、参加した従業員について、「給与課税」や「源泉所得税」の対象となる可能性がありますので、関与の税理士等に相談されることをお薦めします。

[ポイント解説]

交際費とは？

①交際費、接待費、機密費その他の費用とされており、接待、供応、慰安、贈答、その他これらに類する行為のために支出するもので、寄附金、値引き割戻し、広告宣伝費などの一定のものに該当するものを除きます。

②その支出の目的の対象者は、その法人の得意先、仕入先、その他事業に関係のある者等すべてが対象となります。

▶税理士からのポイント

平成26年税制改正による交際費等の損金不算入制度の見直し

	改正前	改正後
中小法人以外	全額損金不算入	飲食費（注1）の50％を損金算入
中小法人	定額控除限度額800万円まで損金算入	①飲食費（注1）の50％を損金算入 ②定額控除限度額800万円まで損金算入 上記①と②の選択適用

（注1）飲食のための費用には、専らその法人の役員、従業員等に対する接待等のための費用（いわゆる社内交際費）は含まれません。

（注2）会議等のために社外の者との、一人当たり5,000円以下の

　　　　飲食費等は交際費とせず、会議費等の損金となります。
（注3）平成26年4月1日から平成28年3月31日までに開始する事業年度について適用されます。（時限立法）

事例 42
創業時に提出する書類

　当社は、昨年度に設立したばかりの法人です。
　不動産業を行うにあたり、宅地建物取引業免許を取得しました。初年度は、営業投資のために費用がかさみ、赤字となりました。申告時に税理士に法人税の申告をお願いしたところ、開業時に青色申告の届け出をしていなければ、初年度の赤字は損切りとなりますと、説明を受けました。

　開業時は業務を行うための書類も重要ですが、税務署に提出する書類も重要です。もし青色申告の承認申請書を提出していれば、その損失は9年間にわたり、繰り越すことができました。また、今後は各種税額控除の規定の適用も考えられます。

> **正しい対応**
>
> 初年度から青色申告をするためには、設立の日以後3月を経過した日、初年度となる事業年度終了の日の、いずれか早い日までに青色申告の承認申請書を提出する必要があります。

［ポイント解説］

　青色申告をした場合と、しなかった場合の所得の金額を比較してみると次の通りです。
　青色申告をすれば、設立3年目までにあわせて1,000万円もの利益が出ていても、所得金額はたったの300万円ということになります。

青色申告をした場合

	設立1年目	設立2年目	設立3年目
収益-費用 （利益）	△700万円	400万円	600万円
青色欠損金	-	△400万円	△300万円
所得	0万円	0万円	300万円

白色申告をした場合

	設立1年目	設立2年目	設立3年目
収益-費用（利益）	△700万円	400万円	600万円
青色欠損金	-	-	-
所得	0万円	400万円	600万円

> ▶税理士からのポイント
>
> 　青色申告をする際には帳簿の作成が義務付けられます。とはいえ、最近はパソコンで簡単に集計できるソフトや、Excelなどの表計算ソフトを使えばそれほどの手間ではなくなってきました。
>
> 　帳簿をつけることは、経営にとって重要なことですので、帳簿をつけることを避けて青色申告をしないことのデメリットの方が大きいように思います。

事例43 決算期の決め方

資本金1,000万円で会社を設立しました。消費税免税のメリットを最大限に活かしたいと思い、12ヶ月後を決算月として事業年度を設定したところ、事業のもっとも忙しい時期が決算期となってしまいました。決算に時間がとられるので大変です。

失敗のポイント

消費税免税点に気を取られて、繁忙期と決算期が重なってしまいました。決算時期は業務負荷が高まるので、業務が忙しくない時期に設定したほうがいいでしょう。

正しい対応

会社設立時に決算時期を決める際のポイントをおさえておきましょう。今回のケースのように、

> 繁忙期と決算時期が重なってしまった等で不都合が生じた際は、株主総会の特別決議等で決算期を変更することができます。

[ポイント解説]

　会社設立の際には、必ず決めなくてはならない事項の一つに決算期（事業年度）があります。決算期をいつにするかは、特に決まりはありません。
　それぞれの会社が自由に決めることができます（12ヶ月を超える事業年度は認められていません）。慣習的に3月を決算期にしている会社も多いのですが、なんとなく決めてしまうと不都合が生じることもあります。
　決算期を決めるときは、次のような観点から検討することが必要です。

【業務負荷の観点】
　決算前後には、決算作業や棚卸等、特別な業務が発生するため、業務負荷が高まります。決算期から2ヶ月以内に税務申告をしなければなりませんが、業務の繁忙期と重なってしまうと大変です。忙しい時期を避けて決算期を設定するのがお薦めです。

【決算期決定の観点】
　平成25年より、資本金1,000万円未満の会社でも、無条件に「設立後最大2年間は免税業者というわけではなくなりました。第1期の上半期の売上（または給与等の支払い総額）が1,000万円を超える場合は、第2期の納税が免除されないことになりました。例外として第1期が7ヶ月以下の場

合はこれまでと同じように免税になります。

　したがって、1期目の最初の6ヶ月の売上または給与等の支払額が1,000万円を超える見込みが無い場合は、1年目の事業年度が12ヶ月になるように決算期を設定し、1,000万円を超えることが予想されるのであれば、1期目は7ヶ月以下としたほうが有利となります。

【資金繰りの観点】
　税金を納める時期（決算後2ヶ月以内）に資金が潤沢にあり、支払いに対応できるようになっていることも重要です。
　ボーナス時期、業種的に現金売上が少ない時期など、資金繰りが大変な時期に重なってしまわないように決算時期を設定するといいでしょう。
　決算期を変更したい場合は、株主総会の特別決議等により定款を変更します。そして税務署・都道府県税事務所・市区町村に「異動届出書」と定款変更の議事録を提出します。事業年度を変更しても登記の必要はありませんので、比較的簡単に変更することができます。

▶**税理士からのポイント**
　会社の決算期については、1年を超えない範囲内で会社が任意に決めることができます。税理士の繁忙期は3月決算、12月決算、9月決算の順となります。
　関連会社の決算期との関係、業務の繁忙期との兼ね合い等をよく検討して決算期の決定または変更を行ってください。まれに消費税の還付を早めに受けるために決算期の変更を行うことがあります。

事例 44
経営者がおさえるべき財務諸表の基本

私の父は不動産業を営んでいますが、父からいずれ事業を引き継いでほしいと言われています。とりあえず財務諸表の読み方でも勉強して、父を安心させたいのですが、読みにくい漢字も多く、とっつきにくさを感じています。

失敗のポイント

財務諸表は一見難しそうに見えますが、ポイントさえおさえれば誰でも読めるようになります。細かい部分に気をとられずに、まずは全体を大きく捉えていきましょう。慣れてくると大きい部分から、細部へと効率よく理解ができるようになります。

正しい対応

貸借対照表・損益計算書に並んでいる数字が何を示しているのか大体のことを把握しておくことで、少しずつ会計に慣れていくと良いでしょう。

1. 貸借対照表

資産	負債
Ⅰ 流動資産	Ⅰ 流動負債
現金預金	買掛金
売掛金	未払金　等
商品（販売用不動産）等	Ⅱ 固定負債
Ⅱ 固定資産	長期借入金　等
建物	**純資産**
権利金　等	資本金
Ⅲ 繰延資産	利益剰余金　等
創立費　等	

　左側にのっているのが資産、右側にのっているのが負債と資本です。資産＝負債＋純資産という式が必ず成り立ちます。

2. 損益計算書

売上高	①
売上原価	②
売上総利益	①－②＝③
販売管理費	④
営業利益	③－④＝⑤
営業外収益	⑥
営業外損失	⑦
経常利益	⑤＋⑥－⑦＝⑧
特別利益	⑨
特別損失	⑩
税引前当期純利益	⑧＋⑨－⑩＝⑪
法人税等	⑫
当期純利益	⑪－⑫＝⑬

売上高から様々な費用を差し引いて、最終的に会社に残る（＝会社がどのように使うか決められる）利益を算出します。

［ポイント解説］

(1) 貸借対照表（たいしゃくたいしょうひょう・B／Sビーエス）

貸借対照表は、「会社が事業資金をどうやって集めて（総資本＝右側）、どのような形で保有をしているか（資産＝左側）を表すもの」です。

会社は事業に使う資金を色々な方法で調達しています。どのように調達しているかは、貸借対照表の右側（貸方＝かしかた）を見ればわかります。大きく分けると、返済又は支払義務のあるもの（負債＝借入金・買掛金・未払金など）と、返す必要のないもの（資本金・会社の利益の累積など）に分けられます。

集めた事業資金は、貸借対照表の左側（借方＝かりかた）を見れば、現在どのような形で会社にあるのかがわかります。販売用の不動産に投下されていたり、会社の事務所建物や備品になっていたり、銀行に預金してあったり、という感じです。

さて、大枠が掴めたところで、もう少し細かく見ていきましょう。資産は、流動資産・固定資産・繰延資産に分けられます。流動資産とは現金化しやすいもの（1年以内に現金化できるものなど、販売用不動産もこれに含まれます）、固定資産とは現金化しにくいものです。流動資産は代金の支払いに充てることができるため、流動資産の大きい会社は支払能力の高い会社ということができます。

繰延資産とは、目に見えませんが、起業時にかかった費用などのうち、まだ費用化されていない残額のことです。

負債については、返済の時期が1年以内であるものが流動負債、1年を超えるものが固定負債と理解してください。

(2) 損益計算書（そんえきけいさんしょ・P／Lピーエル）

損益計算書は会社の一年間の成績表です。

まずは、一番下の段を見てください。「当期純利益」とあれば、当期は黒字で、「当期純損失」とあれば、当期は赤字です。

今度は上から見ていきます。売上高から売上原価（販売用不動産の取得原価など）を引いたものが「売上総利益」（粗利益。略して「あらり」）で、さらに販売費及び一般管理費を引いたものは「営業利益」とよばれ、会社の本

業による利益を表しています。実際には、ここで損失がでないように、売上高を逆算して決めていきますが、諸事情により値下げをせざるを得なかったり、思いのほか費用がかかってしまうと、「営業損失」となることもあり得ます。

「営業利益」に営業外収益（預金利息・配当など）を加算し、営業外費用（借入金利息など）を減算したものが「経常利益」（略して「けいつね」）です。そして「経常利益」に「特別利益」「特別損失」を加減算して「税引前当期純利益」となります。「特別」とは毎年は出ないけれど、当期たまたま発生したとの意味で、会社の固定資産の売却損益、災害による損害、保険の解約収入、退職金…などがこれに該当します。数は多くありませんが、金額が大きいことも多く、影響の大きい項目です。

「税引前当期純利益」から税金を差し引いたものが、最初に見た「当期純利益」です。

> ▶**税理士からのポイント**
>
> 「お金がないのにこんなに利益が出ているなんて信じられない」「赤字の原因は、販売管理費がかかりすぎていることだったんだ」等、驚きや気付きがあったのではないでしょうか。改善方法について、担当の税理士等に相談してみましょう。

事例45 労働保険、社会保険の加入について

　不動産賃貸業を営む会社で、従業員が少ないため労働保険や社会保険には必ずしも加入する必要はないと考えておりました。

　労働保険や社会保険に加入すると会社の負担も増えてしまい、加入しない同業者も多いようなので、従業員を雇い入れるときに、労働保険や社会保険には加入しない旨を伝え、納得して入社してもらっておりました。先日、従業員から「労働保険や社会保険は強制加入なのではないか」との指摘を受けました。

　何が正しいのかわからなくなり、社会保険労務士に相談したところ「労働保険と社会保険は必ず加入して下さい」と指導されました。

失敗のポイント

　労働保険に関しては、従業員が1人でも勤務していれば、原則として強制加入であり、社会保険においては社長1人であっても強制加入となります。加入していない場合は、非常に稀なケースですが、健康保険法、厚生年金保険法ともに、罰則として6ヶ月以下の懲役または50万円以下の罰金が科されることがあります。

　また、罰則の他に未加入によるデメリットは以下のようなものがあります。

①従業員が病気などにより休業した際の傷病手当金が支給されない。
②従業員が死亡した際の遺族厚生年金が支給されない。
③行政の調査が入った際に、過去2年間遡って保険料を支払わされる。

　①や②については、従業員やご遺族から加入する義務を怠ったとして、損害賠償請求される可能性があり、③については会社の資金繰りを著しく悪化させる要因になります。
　会社の場合は、労働保険も社会保険も強制加入であることを知らずに経営を続けると、多くのデメリットを被るおそれがあります。

正しい対応

(1) 労働保険に加入するには

[労災保険]

対象者	正社員、アルバイト等の形態にかかわらず、労働の対価として賃金を受ける全ての従業員
提出先	管轄の労働基準監督署
必要書類	労働保険概算保険料申告書、保険関係成立届
期限	保険関係が成立した日から10日以内
保険負担	全額会社負担

[雇用保険]

対象者	1週間の所定労働時間が20時間以上であり、31日以上の雇用見込がある従業員
提出先	管轄のハローワーク
必要書類	雇用保険適用事業設置届、雇用保険被保険者資格取得届
期限	設置の日から10日以内
保険負担	一般には、会社負担が9.5／1,000、従業員負担が6.0／1,000

(2) 社会保険に加入するには

対象者	役員、正社員の他、パート、アルバイトの場合には、所定の労働時間（1日当たりかつ、1ヶ月当たり）が正社員の4分の3以上である場合
提出先	管轄の年金事務所

〈事例45〉労働保険、社会保険の加入について

必要書類	健康保険・厚生年金保険新規適用届、新規適用事業所現状届、健康保険・厚生年金保険被保険者資格取得届、健康保険被扶養者（異動）届
期限	資格取得日から原則5日以内（入社したときから）
保険負担	労使折半

会社の場合は、労働保険や社会保険は上記の表の「対象者」の要件に該当すれば強制加入となりますので、各提出先に加入の届け出を提出し、適正に対応しましょう。

［ポイント解説］

　労働保険や社会保険は、対象となる要件を満たすと強制加入ですが、保険加入が義務であることに対する不知や保険料の負担が重いことなどが要因となって、かなりの未加入企業が存在するのが実態です。今後未加入企業に対する指導監督の強化が予想されるほか、以下のようなデメリットがあるため、確実に加入することをお薦めします。

【労働保険加入のメリット】
・労災保険における保証
　労災保険に加入することにより労働者が業務上の事由又は通勤によって負傷したり、病気に見舞われたり、あるいは不幸にも死亡された場合に被災労働者や遺族を保護するため必要な保険給付が行われます。

不動産業においては、労働災害などの事故が発生することはないと思われるかもしれませんが、通勤中に大型トラックにはねられたなどの通勤時災害は、業種によらず起こりうる話です。

　労働災害により死亡したときは、遺族補償一時金が支払われる場合があり、最大で賃金日額の1,000日分が支給されるケースもあります。誰しも自分の会社の従業員が労働災害で死亡し、その家族が路頭に迷う姿を見たくはありません。従業員にも会社にとっても労災保険に入ることで、安心を手に入れることができます。

・雇用保険加入による助成金

　労働者を雇い入れるとき給付金が出る場合があります。しかし、これらは雇用保険加入を条件としている場合が多く、例えば「トライアル雇用奨励金」は、一定の条件をクリアすると、1人当たり12万円の奨励金を受け取ることができます。

【社会保険加入のメリット】

・健康保険加入による手当金

　健康保険に加入することで傷病手当金や出産手当金を受けることができます。

　傷病手当金は病気や怪我で働くことができない間（最大1年半）、出産手当金は産前産後で働くことができない間について、だいたい賃金の3分の2が支給されます。これらは従業員はもちろん社長や役員においても受けることができるので、病気や大きな怪我をする可能性を考えると大きな安心といえます。

・厚生年金のメリット

　労働保険とは異なり社会保険は、社長や役員も加入することができますので、将来の年金受給額は大きくなり安心です。

【共通のメリット】

　上記メリットの他に、労働保険や社会保険に加入することにより、従業員の満足度があがり、早期退職リスクが減る可能性があります。一般的にも労働保険や社会保険に加入している会社のほうが優良な企業であるとの認識があるので、採用コストや研修コストを考えると、トータルコストはむしろ安くなることも考えられます。

▶ **税理士からのポイント**

　不動産業では、経理事務にパート従業員を雇うことが多いかもしれません。パート従業員がサラリーマンの妻などで主婦の場合には、社会保険と源泉所得税の2つの点で注意しなければなりません。

　まず、社会保険ですが、年間の給与が130万円（月額約108,330円）を超えた場合には、夫の扶養から外れて、パート従業員自身で社会保険に加入する必要があります。

　また「正しい対応」に記載した通り、「労働時間、労働日数が正社員の4分の3以上である場合」には、雇用形態がパートであったとしても会社の社会保険に加入する必要があります。

　次に源泉所得税ですが、年間の収入が103万円以下である場合には、配偶者控除を受けることができます。（103万円超141万円

以下で、かつ夫の所得が1,000万円以下である場合には配偶者特別控除の適用があります。ただし、最近では「配偶者控除」についての見直しが検討されております。）

　パート従業員の場合、年末や月末に調整をして、収入が扶養から外れないように収入を調整するケースもあります。実はパート従業員の収入を調整するケースもあります。実はパート従業員の収入調整は奥が深いものがあります。

　これまで説明した源泉所得税や社会保険だけの問題ではなく、たとえば配偶者控除の対象となる妻がいると夫に扶養手当を出す会社もあります。そうなると、うっかり130万円を超えてしまったが故に、社会保険料をパートの収入の中から支払うことになった、夫の配偶者控除が受けられなくなった、さらに夫の扶養手当がカットされた、結局家族全体の手取りが大幅なマイナスになった、などの問題が起きるかもしれません。こうした問題に目配りできる会社でありたいですね。

事例46
税務調査でここまで調べる

　　不動産業を営む会社の社長を務めるAと申します。当社は不動産の賃貸や、売買・仲介を行っていますが、先日、税務調査が入りました。
　その際に「1人当たり5,000円以下だからといって社内飲食費についてまで交際費等から除外していませんか？」と指摘を受けました。
　飲食費であれば誰と行ったものであっても1人当たり5,000円以下なら交際費等から除外してよいと思っていたので、初めは何を言われているのかわかりませんでした。
　当社は年間で800万円以上の交際費を計上していましたが、調査の結果、その他にも交際費等とすべきものが200万円ほどあり追徴課税を受けてしまいました。

失敗のポイント

　法人税法では資本の蓄積や冗費の節約などを理由として交際費等の損金不算入制度が設けられており、税法に定められた限度額までしか損金にできません。大法人であれば、接待飲食費の50％が損金算入できることになっており、中小法人であれば、接待飲食費の50％の損金算入と、800万円（定額控除限度額）までの損金算入のいずれかを選択適用できることになっています。

　今回問題になった「1人当たり5,000円以下の飲食費」は、一定の要件の下で交際費等の範囲から除外されることになっていますが、会社の役員や従業員だけでの社内飲食費は1人当たり5,000円以下であっても交際費等の範囲から除外されず交際費等に該当してしまうことがあるので注意しなければなりません。

　今回のケースでは、このような社内飲食費についても「1人当たり5,000円以下の飲食費」として交際費等から除外していましたが、交際費等に該当するものが多くあったようです。

正しい対応

　交際費等の範囲から除外される「1人当たり5,000円以下の飲食費」には社内飲食費が含まれないことに注意してください。

　ただし、社内飲食費であったとしても、福

利厚生費や会議費として交際費等の範囲から除外される場合があります。

　まず、「従業員におおむね一律に、社内において供与される通常の飲食に要する費用」は福利厚生費として交際費等の範囲から除外されます。この場合、「一律に」や「通常の飲食」といえるかどうかを慎重に判断する必要があります。社内の従業員のうち特定の者だけで食事をした場合や、従業員が一堂に会したものであっても、一般的に考えてあまりにも贅沢な食事をした場合などは福利厚生費として扱うことはできません。

　また、「会議に関連して、茶菓、弁当その他これらに類する飲食物を供与するために通常要する費用など」も会議費として交際費等の範囲から除外されます。

　会議費は、「会議に際して社内又は通常会議を行う場所において、通常供与される昼食の程度を超えない飲食物等の接待に要する費用」をいうこととされています。ここでもやはり不当に高い食事をした場合などは会議費として扱うことはできません。

[ポイント解説]

税務調査は、次のような手順で行われます。

(1) 選定

税務署の調査部門の統括官が、売上高や所得金額、販管費などの内容を過去の申告書と見比べながら、どの法人を調査するのかを選びます。これを調査法人の選定事務と言います。国税総合管理システム(KSK)によって打ち出された選定支援のための計表や、統括官の経験から「事案」(調査対象にされた法人や個人は、申告書も含めて「事案」と呼ぶ習わしがあります。)を決めます。

(2) 準備調査

「事案」を選定した統括官は、自ら調査に赴くことがありますが、通常は部下に事案を渡し、調査するように指令を出します。指令を受けた調査官は、調査対象期間の申告書とその前後の期と見比べながら、問題点を探り出します。

たとえば売上の伸びに対して所得の伸びが低調、売上が伸びていないのに外注費の伸び方が大きすぎる、巨額な特別損失の内訳が不明…といった不審点を抽出します。これらの作業を「準備調査」といいます。

準備調査を受けて問題点を洗い出し、統括官との話し合いを経ることで、調査官の中に調査展開のシミュレーションができあがります。ここまで準備が整った段階で店側に「税務調査の件でお電話いたしました。調査日程は…」という電話が入るわけです。

(3) 実地調査

これがみなさんのイメージする「税務調査」ではないでしょうか。(実際は、調査官は様々な事前調査を行っているのですが)

実地調査とは、調査官等が実際に法人等に臨場して行う調査のことです。主に次のようなことを行います。

①概況の聴き取り

最初に代表者に面談し、会社の概要を聴取します。会社の業務内容、歴史、代表者の経緯、売上の計上方法や仕入れの決済方法などを細かく聴き取っていきます。調査官にとっては、一連の調査事務の流れの中でこの概況の聴き取りが一番大事で重要な手続きであると考えられているようです。

納税者としては、質問されたことに対して、誠意をもってありのままを説明することが重要です。

②帳簿調査

帳簿調査では、会社の元帳に計上されている各勘定科目の金額、内容を請求書、領収書をもとに調査します。

一番新しい決算期から見始めて、今は5期分を遡及します。売上計上が適正かどうかの調査は、預金に入金された家賃などと請求書・契約書などの突合によって行われます。また仕入れについても同様に、仕入先からの請求書や、領収書などと突合を行います。Aさんのように交際費の支出に関しても調べます。

③反面調査

帳簿調査で問題点があった場合は、相手先の会社に反面調査を実施し、事実関係の確認をします。Aさんの場合、おそらく現金支出の交際費のうち、内訳が記載されていない領収書に問題があると疑われ、実際に購入し

た店に反面調査を行い、Aさんへの売上などを確認し、「明らかに贈答しない商品」を購入していたり、「1人での食事」の飲食費が出てきた場合には、これを指摘します。

④ **内偵調査**

　内偵調査は、調査先の下見や、調査員であることを明かさずに、納税者が行う事業などを調査するために行われます。

　納税者が飲食店である場合などは、実際その店に行き注文した飲食を書き留めておき、後の帳簿調査で、この売り上げがきちんと計上されているかを確認することもあるそうです。

⑤ **銀行調査**

　銀行調査では、会社から移動した財産の状況や動きなどを確認します。所得を隠して、個人口座にお金をためていても、銀行調査により情報を得て、納税者の脱税の疑いがないかを探ります。

> ▶ **税理士からのポイント**
> 　調査官はあの手この手で脱税や申告漏れがないかを調査してきます。また、税務調査は納税者の方々にとって大変な苦悩を与えることがあります。税務調査が来ても、何を見られても指摘される余地のないように、日頃から、正しい処理を行いましょう。

事例 47
賃貸不動産を配偶者の所有にした失敗例（遺族年金との関係）

　私は不動産仲介業を営む会社の代表取締役をしています。

　個人で賃貸マンションと貸駐車場も運営しており、平成27年の相続税の改正で納税がかなり増えそうだと思い、相続対策として個人所有の賃貸不動産の一部を妻に贈与しました。

　賃貸不動産の生んだ収益で妻に相続税の納税資金をためてもらい、実際に相続が発生したときに備えてもらおうと考えたからです。

　ところが、顧問税理士より不動産所得の額によっては遺族年金を受給できない可能性がありますと言われ不安になってしまいました。

　できれば遺族年金も受け取れる形で相続対策をしたいのですがどのような点に気をつければよいのでしょうか？

遺族年金の受給要件をよく確認していなかったため、起きた失敗です。

相続対策として相続人に収益を移転するのは有効な方法ではありますが、遺族年金を受給しようと思ったら、どれだけ収益を移転したらいいのかをよく検討しなければなりません。

遺族年金受給者の収入に関する認定要件を満たすように、不動産所得、給与所得を調整しましょう。

給与のみであれば年収を850万円未満に抑え、給与以外にも収入がある場合は所得を655.5万円未満に抑えることがポイントです。

相続発生の前年の収入及び所得の状況で判定されるため、前年の収入及び所得が上記収入要件を超えている場合は、一生遺族年金を受給することができなくなってしまいますので注意が必要です。

[ポイント解説]

遺族年金受給者の収入に関する認定要件は下記のようになっています。

ア	前年の収入（前年の収入が確定しない場合にあっては、前々年の収入）が年額850万円未満であること。
イ	前年の所得（前年の所得が確定しない場合にあっては、前々年の所得）が年額655.5万円未満であること。
ウ	一時的な所得があるときは、これを除いた後、前記ア又はイに該当すること。
エ	前記のア、イ又はウに該当しないが、定年退職等の事情により近い将来（おおむね5年以内）収入が年額850万円未満又は所得が年額655.5万円未満となると認められること。

また上記収入要件をみたしていてもそれぞれ独立した生計である場合は、遺族年金の受給対象から外れます。

反対に同一世帯でなくても仕送り等で生計維持されている状態であれば、受給対象となります。

オーナー社長であれば配偶者に高額な役員報酬を支払っているケースも多いと思います。

850万円以上報酬を支払っている場合は、将来もらえると予想される遺族年金の額と法人税、所得税の節税効果を考え、減額改定も検討してみる価値はありそうです。

遺族年金受給につきましてはその他にも要件がありますので、専門家である社会保険労務士等に相談をしましょう。

また予想される遺族年金額については標準報酬月額や被保険者期間の月数により変動しますので、最寄りの年金事務所に確認をした方がよいでしょう。

▶**税理士からのポイント**

　通常の厚生年金等とは異なり、遺族年金につきましては所得税・住民税ともに非課税となりますので確定申告の際は注意が必要です。

事例48 譲渡所得が生じる際の社会保険料への留意

　当社は不動産売買仲介を営む業者です。配偶者と死別した都内に在住する年金暮らしの女性のお客様より、老人ホームの入居金を捻出するため、所有していた自宅と湘南に所有する別荘を売却したい旨のご相談があり、のちに支払うべき税金の金額もアドバイスしてほしいという要望がありました。両物件とも昭和30年代に取得されたもので、物件Aは5,000万円、物件Bは2,000万円の売却益が生ずるものでした。

　当社担当者が本件の売買仲介を実行するなかで、物件Aは翌年の売買契約・引渡しが内定したところ、年末近くになって物件Bについても買主があらわれ、当年の売買でも翌年の売買でも選択可能な状況となりました。その際、お客様は物件Bについても翌年の売買契約を希望しましたが、当社担当者は自身の営業成績のこともあってか、「年をまたぐと売買価額が下がる恐れもある」とお客様を説得し、物件Bは年内に売却を完了しました。

その後、翌年に社会保険料（後期高齢者保険料及び介護保険料）が賦課される段になって、お客様は、その金額が通常３万円程度であったのが、72万円となり、その状況が２年連続することを知りました。当社は、物件Ａ及びＢの売却に際して、譲渡所得税や住民税については試算を提示しましたが、社会保険料の賦課については何らの示唆をしていませんでした。

　当社は、お客様より、社会保険料の賦課につき当社より何らのアドバイスが無かったこと、その負担が想定外であったことにつき、クレームを受けることとなりました。

失敗のポイント

　個人所得が増えると、当該個人に賦課される社会保険料も増える関係にあります。譲渡所得が発生すると通常の年よりも所得が大幅に増大する場合が少なくありません。

　ただし、社会保険料には、賦課される上限額があり、一定額以上の所得に対しては、社会保険はその上限額以上は賦課されませんので、２以上の譲渡所得の発生が見込まれており、その譲渡が年をまたがないように選択可能な場面では、譲渡所得の発生により一時的に所得が増大する年度を１つの年度に集約する方が、社会保険料の臨時的な賦課を軽減することが可能といえます。

正しい対応　不動産売却にかかる譲渡所得と社会保険料の賦課の関係につき、示唆したかったところです。

　［ポイント解説］

　臨時的な社会保険料の負担を減らすという観点からいえば、物件Bは当年に売却するのではなく、翌年に売却すべきであったということになります。

　本事例では、翌年に物件A及び物件Bの譲渡を集約させても、翌年の所得によって算出される社会保険料の額は、B物件のみを翌年に譲渡する場合と同額となり、当年の所得は譲渡所得がなくなるので、当年の所得により算出される社会保険料の額は以前どおり最低額で済むことになります。すなわち、社会保険料が臨時的に最高額となるのは、1年だけで済んだわけです。

＜所得金額と社会保険料についての参考値＞
（前提）
・所得金額は年金所得と譲渡所得との合計額とします
・東京都の場合の後期高齢者保険料及び介護保険料

所得金額0円の場合

　後期高齢者保険料4,000円　介護保険料約3万円

所得金額600万円の場合

　後期高齢者保険料57万円　介護保険料約11万円

所得金額1,500万円以上の場合

　後期高齢者保険料57万円　介護保険料約15万円

> ▶**税理士からのポイント**
> 　税理士は、所得税等の税金については専門ですが、関連業務である法務や社会保険については的確なアドバイスができない場合もありえます。
> 　弁護士、不動産鑑定士、また、社会保険労務士とネットワークを築くことで不動産業のお客様に対する的確なアドバイスができます。

事例49 事業供用している立体駐車場の事業所税の取扱い

　不動産業を営むA社が、所有している貸しビルを事務所用として各テナントに貸し付けていました。当貸しビルには自走式立体駐車場が備え付けられており、この駐車場は当初テナント用の駐車場として用いられておりましたが、5年前から一部を時間貸し駐車場として、テナントのみではなく一般の方々にも使用できるようにしました。先日、市役所より事業所税の調査を受けました。駐車場をどのような用途で使用しているかを尋ねられ、時間貸し駐車場として用いている旨を伝えました。すると、市役所の調査官より「時間貸し駐車場は駐車場を運営する会社が事業所税を支払わなければなりません」と指摘を受けました。

　当初、税理士から駐車場は事業所税がかからないと聞いていたため、課税対象となる事業所床面積には含めておりませんでした。おかげで、過去の事業所税の追徴を受けることとなりました。

失敗のポイント

今回の事例は、当初はテナント用として駐車場を設けましたが、テナント用のみでは駐車場が埋まらなかったのか、駐車場の一部を時間貸し駐車場として利用することとなりました。これが事業所税の納税義務の判定に影響することになるのですが、過去に税理士から「駐車場は事業所税がかからない」と言われていたことで、事業所税には影響がないと思いこみ、A社社長や経理担当者が税理士に対して相談を怠ったことに失敗の原因があります。もちろん、そのような勘違いをさせてしまう言い方をした顧問税理士の責任が大きいことは言うまでもありませんが。

事業所税の取扱いは実態によって判断するため、複雑なものが多く頭を悩ますところですが、何か行動を起こしたときに税理士に相談すると、このような失敗をなくすことができるかもしれません。

正しい対応

事業所税を正しく納付するためには、事業所税の取扱いを正しく理解していなければなりません。事業所税は、都市環境の整備や改善の為に支出される税金で、指定都市等に事務所や事業所を設けている法人・個人に課税されるものです。事業所税の納税額は「資産割」と「従業者割」に分けて計算されます。

ここでは、今回の事例を基に「資産割」に着目して説明を行います。

　資産割は事業所の床面積に応じて課税され、非課税とされる部分を除きますが、1㎡につき600円を納税することとなります。事業所等の範囲は「自己の所有に属するものであるか否かにかかわらず、事業の必要から設けられた人的及び物的設備であって、そこで継続して事業が行われる場所をいうもの」とされています。つまり、貸しビル等にあっては、その貸しビル等の全部又は一部を借りて事業を行う法人又は個人が納税義務者となります。今回の事例の貸しビル内の立体駐車場についての取扱いは、使用者が特定されている場合は、当該使用者の事業所床面積として算定します。

用途		取扱い
月極め貸し・年貸し等の駐車場の場合		専用借りをする者の事業所床面積で算定
時間貸し等の駐車場の場合	店舗等に付設された顧客専用の駐車場について	当該店舗等の経営者の事業所床面積で算定
	一般公共の用に供されている駐車場	当該駐車場の経営者の事業所床面積で算定

　このように、駐車場が一律に事業所税の課税の対象から外れるというわけではなく、一

般公共の用に供する一部の駐車場部分についてはＡ社の事業所床面積として事業所税を納税することとなるのです。おそらくＡ社の顧問税理士は、「テナント用として貸し付ける駐車場は事業所税がかからない」と言いたかったのではないかと推測されますが、お客様が勘違いする言い方をするのはよくないですね。

　テナント用の駐車場と一時利用目的の時間貸し駐車場が併設されている場合に、駐車場の通路となる部分の取扱いについて説明します。

　駐車場の通路に当たる部分も駐車場を使用している者で按分することとなります。例えば、当貸しビルの駐車場が以下のとおりとなっていたとします。

Ａ社時間貸し駐車場	通路 1,000㎡	Ｂ社テナント用駐車場
Ａ社時間貸し駐車場		Ｃ社テナント用駐車場
Ａ社時間貸し駐車場		Ｄ社テナント用駐車場
Ａ社時間貸し駐車場		Ｅ社テナント用駐車場
Ａ社時間貸し駐車場		Ｆ社テナント用駐車場

> 駐車場はすべて合わせて10台分ありますが、A社が時間貸し駐車場として用いているのは5台分です。そのため、A社は通路1,000㎡×5台÷10台＝500㎡を事業所税の計算に入れることとなります。

［ポイント解説］

　事業所税の取扱いには、どのように判断したらよいか迷うものがあります。

　例えば、制服などの着替えを要する仕事の場合、更衣室が用意されていることがあります。更衣室は一般的に福利厚生施設ということで事業所税の課税の対象とならないことが多いですが、デパートなどの場合は制服着用が義務付けられていることがあります。この場合、事業の用に供されているとして、更衣室も事業所税の課税の対象となります。

　さきほど福利厚生施設に関して事業所税はかからないと申し上げました。これは地方税法に「勤労者の福利厚生施設で一定のもの」は非課税として取扱うと規定されているためです。具体的には、従業者の福利又は厚生のために設置される美容室や喫茶室、食堂、娯楽教養室などがこれにあてはまります。

　鉄鋼業等における現業部分に限定して設けられている浴場は、一見福利厚生施設に勘違いするかもしれませんが、事業の用に供されているとして事業所税の課税の対象に含まれます。

このように、事業所税の取扱いは、用途によって課税・非課税が異なるため、実態に即して適正な判断が求められます。

▶**税理士からのポイント**
　事業所税の取扱いは、用途によって細かく分かれますので、一つ一つ間違いなく確認することが肝要です。

事例50 アパートの建替えによる固定資産税の特例が受けられなくなった

　同族経営している会社の代表であるAと申します。個人保有の土地にアパートを建て個人事業として不動産賃貸業を営んでいました。この賃貸アパートについては老朽化がすすんで入居者が極端に少なくなっていたため、昨年末に取壊しました。更地のまま年を越してしまい、さらに今年になってから、その土地は同族経営の会社が賃借し、会社に賃貸アパートを建築させることにより賃貸管理業務を個人から会社に移すことにしました。
　最近、今年の固定資産税の課税明細書が届いたのですが、この土地に対する固定資産税が昨年にくらべてかなり高くなっていて驚きました。

失敗のポイント

そもそも住宅が建っている土地については、土地にかかる固定資産税が軽減されるという特例がありますが、住宅の取り壊し、建替えの時期によっては、この特例を受けられなくなることがあります。今回、この特例の要件に配慮することなく住宅の取り壊し、建替えを行った結果、特例の対象外となり固定資産税の税額が大幅に増えてしまいました。

正しい対応

原則として当年の1月1日において住宅が取壊されている場合には、住宅用地の特例は適用できませんが、一定の要件を満たすことにより特例が継続して適用されることになります。

今回のように既存住宅を取り壊して、更地のまま年を越して住宅を新築するような場合には、特に注意する必要があります。

既存住宅を取り壊して住宅を新築する場合に、住宅用地の特例が適用になる場合の要件は以下のとおりです。

①前年の1月1日において住宅用地である。
②当年の1月1日において住宅の新築工事に着手している(当年の1月1日に確認申

請書を提出しており、3月末までに住宅の新築工事に着手した場合を含む)。
③住宅の建替えが、前年の1月1日における建替え前の住宅の敷地と同一の敷地において行われている。
④住宅の建替えが、前年の1月1日における建替え前の住宅の所有者と同一の者により行われている。

　今回のケースでは、前年の1月1日における建替え前のマンションの所有者は個人であるAさんであるのに対し、法人が住宅の建替えを行っており、上記④の要件を満たしていないため特例の対象外になりました。
　特例を受けるためには、(1)Aさんにより建替えを行い、Aさん名義のマンションとするか、あるいは(2)前年の1月1日までに建替え前のマンションを法人名義にしてから建替えを行い、法人名義のマンションとすることが考えられました。

［ポイント解説］

　固定資産税は毎年1月1日現在の土地・家屋などの所有者に対し、市町村が課する税金であり、固定資産税の税額はその固定資産の価格に税率を乗じて算定されます。

(算式)

固定資産税＝固定資産税評価額（課税標準）×1.4％

都市計画税＝固定資産税評価額（課税標準）×0.3％以下

住宅用地については税負担を軽減するために、上記の算式における課税標準は下表のとおりに算出されます。

区分		固定資産税	都市計画税
小規模住宅用地	200㎡以下の部分の住宅用地	課税標準となるべき価格の1／6	課税標準となるべき価格の1／3
一般住宅用地	200㎡を超える部分の住宅用地	課税標準となるべき価格の1／3	課税標準となるべき価格の2／3

※アパート・マンション等は戸数×200㎡以下の部分が小規模住宅用地になります。

▶**税理士からのポイント**

　今回の事例では税額軽減の特例が適用できなくなり固定資産税が増加してしまいました。固定資産税のみに着眼すれば不利になったことになりますが、いろいろな観点から総合的に判断すると一概に不利になったとはいえないケースもあります。あくまでも意思決定におけるひとつの材料として考えたほうがよいでしょう。

事例51 後継者への自社株式の贈与

　不動産販売を営む会社の代表であるAと申します。私には妻と二人の子供がおります。
　事業がうまくいかず、私の代で会社をたたもうかと考えた時期もありましたが、直近5年ほどは黒字基調となり、経営が安定してきました。長男は私が経営する会社に勤めており、着々と経営能力が備わってきたように思えます。この際、長男に後継者としての自覚を持ってもらうために私の生前から段階的に自社株式を贈与したほうがよいのではないかと考えるようになりました。7年前に税理士に自社株式の株価評価をしてもらっていたので、この時の株価を前提にして持分の一部を長男に贈与しました。
　贈与後にあらためて税理士に確認したところ、7年前にくらべて株価は相当高くなっており多額の贈与税を長男が払う必要があると言われてしまいました。

失敗のポイント

　自社株式の贈与にあたっては、経営権の承継だけでなく、税金についても配慮しなければなりません。株価が上昇しているタイミングで贈与すると、同じ株数であっても贈与額が多額になり贈与税も多額になってしまいます。

　贈与税の納税義務者は、今回のケースでは自社株式をもらった長男になります。経営権の承継のために贈与するのですから、もらった自社株式を換金するわけにはいきません。長男に納税資金が不足していれば、たちまち窮地に立たされることになります。このようなことを避けるためにも税金に配慮した金額やタイミングで贈与する必要がありました。

正しい対応

　株価が下がったタイミングで贈与すれば、贈与税の負担を軽減することができます。これにはいくつかの方法が考えられますが、例えばＡさんには役員退職金を受け取って退任してもらい、新たに長男を社長にする。これにより、会社の利益を押し下げ、株価を一時的に下げることができます。この株価が下がった時、長男に自社株式を贈与する方法です。

[ポイント解説]

　取引相場のない株式は、評価会社と事業内容が類似する上場会社の株価、配当、利益、純資産をベースに評価する「類似業種比準価額方式」、評価会社の所有財産を相続税評価ベースの純資産価額により評価する「純資産価額方式」、またはこれらの併用方式によって評価するのが原則です。

　「類似業種比準価額方式」では、配当、利益、純資産をベースとするため、これらの要素が下がると、株価も引き下がります。なかでも利益が株価に与える影響が大きくなっているため、今回のように利益が高い時は、株価も高くなってしまいがちです。株価対策のために事業に悪影響を及ぼしてまで利益を引き下げるのは本末転倒ですが、役員退職金の支払いや不良在庫・固定資産の廃棄など事業目的にかなったものであれば、それらを早期に実施して、株価が下がったタイミングを見計らって贈与を行うことにより後継者への引き継ぎコストを抑えることができます。

　「純資産価額方式」は、保有財産の組み替えなどにより株価が引き下がることがあります。

自社株式対策の例示

類似業種比準価額方式の対策	説明
2年間無配当(低率配当)	要素のうちの1つの配当額を下げることで、株価を引き下げます。 ※配当額は2年間計算の対象となります。
短期前払費用の損金計上	あるタイミングで費用を計上し、利益を引き下げます。 また利益の引き下げの結果、純資産価額の引き下げにもなります。 ※利益は株価の計算上、他の要素の3倍の引き下げ効果があります。
役員退職金の支払い	
役員報酬額の増額	
不良債権の貸倒れ処理	
不良在庫・固定資産の廃棄	
特別償却が可能な資産の購入	
損金性の高い保険商品	

純資産価額方式の対策	説明
不動産の取得	純資産価額方式における計算では、相続税評価額を用いるため、時価と相続税評価額に乖離がある資産を取得すれば評価が下がります。ただし、取得後3年以内は時価で評価されるため効果がでるのは3年後であることにご留意ください。
合併・買収	債務超過の会社を吸収合併した場合は、純資産価額を引き下げる効果があります。しかし、株価引き下げのみにとらわれ、不要な合併・買収を行うと、会社に悪影響を及ぼす可能性があります。

▶税理士からのポイント

　同族会社の社長には一代で会社を作り上げた方はたくさんいらっしゃるかと思います。社長の中には後継者に会社を任せてよいのだろうかと思い、事業の承継がなかなか進まないケースがあります。しかし、相続の直前に事業承継を考え始めては打てる対策が限られてしまいます。多くの社長はいつか会社を後継者に任せ、その事業が永く続くことを望んでいます。そのためにも、早めに事業承継を視野に入れて動き出すことが望ましいでしょう。

事例52 契約書の印紙

　当社は、不動産の売買および売買仲介を主な業務とする不動産業です。今回、自社の商品用不動産（土地）を2億円で売却することができました。

　売却に当たって、「不動産譲渡契約書」を作成しました。従前は、契約書を2通作成し、1通は売主である当社が保管、1通は買主が保管する契約でしたが、印紙税の節約と売主である当社は所有権移転登記をして自分のものでなくなることから、原本1通を作成して買主に渡し、当社は契約書の写し（コピー）を保管することにしました。

　自社保管分には印紙を貼りませんでしたが、念のため写しには売主・買主双方の印鑑を押印して金庫に保管しておりました。

　後日、税務調査で指摘を受け、両当事者の押印がある以上写しとはいえず、本来の印紙税を納めるべきといわれ過怠税も納付しました。契約書は従前どおり2通作成し、それぞれ印紙を貼らないといけないのでしょうか？

失敗のポイント

貴社で保管した契約書の写しに、念のためといえども買主の押印をもらったことが失敗です。印紙税法の規定では、「契約当事者の双方、または文書の所持者以外の一方の署名または押印があるもの」は課税文書として取扱うという規定があります。

正しい対応

貴社のお考えのとおり、自社物件を売却した場合には、代金決済とともに買主に所有権移転登記をしますので、契約書の原本を所有する必要はありません。印紙税を節約する場合には、不動産譲渡契約書の末尾等に、「本契約の証として、本書1通を作成し、買主が原本を保管し、売主はその写し（コピー）を保管する。」などの文言を付します。

[ポイント解説]

　印紙税法の規定では、不動産の売買契約書については、第1号文書として、文書の種類、1通についての印紙税額が定められています。また、「不動産の譲渡に関する契約書」のうち平成26年4月1日～平成30年3月31日まで作成されたものは一定の軽減措置がはかられています。参考まで一覧を表示します。

記載された契約金額が		印紙税額
1万円以上	50万円以下のもの	200円
50万円を超え	100万円以下のもの	500円
100万円を超え	500万円以下のもの	1,000円
500万円を超え	1,000万円以下のもの	5,000円
1,000万円を超え	5,000万円以下のもの	10,000円
5,000万円を超え	1億円以下のもの	30,000円
1億円を超え	5億円以下のもの	60,000円
5億円を超え	10億円以下のもの	160,000円
10億円を超え	50億円以下のもの	320,000円
50億円を超えるもの		480,000円

▶**税理士からのポイント**

　契約金額が多いと印紙税の負担も大きくなります。節税したいという考えもでてくることかと思います。事例のような売主の場合には、売買代金の全額の決済がなければ所有権移転の登記を履行しなければいいのですから、売買契約書を1通のみ作成し、売主は写しの保管で実務的には大きな問題は生じないかもしれません。

　しかしながら、貴社が買主の場合で、どうしてもその不動産の取得が重要なようなケースに、売主に印紙を負担させ原本を売主が保管、写し（コピー）を買主である貴社が保管の場合には、契約の成立が裁判等で争われた場合には、「写し」は「原本」よりも証拠能力が低いと判断されることも考えられますので、慎重な対応が必要となります。

事例53 不動産売却における譲渡益と譲渡損の通算について

　当社は不動産売買仲介を営む業者です。昨年、お客様より、バブル期に購入した別荘と老朽化した賃貸アパートの売却につき相談を受けました。別荘は永らく利用することが無くなり、賃貸アパートは老朽化し、建替えるには資金を借入れなければならないことから、売却したいとのことでした。そこで、両物件の売却を仲介し、賃貸アパートについては昨年12月に売買契約と引渡しを完了し、別荘は今年1月に売買契約と引渡しを完了しました。別荘の売却損は5,000万円、賃貸アパートの売却益は4,000万円となるようでした。

　ところがその後、お客様よりクレームがありました。ご自身の確定申告の段になって、別荘の売却損と賃貸アパートの売却益を通算できることを知り、当社に対して、なぜ教えてくれなかったのかとのお叱りでした。なお、お客様には、「別荘の売却損は通算ができないので、他の不動産の売却

益とも通算ができない」という思い込みがあったようです。

失敗のポイント

①お客様は、損益通算と内部通算の取扱いを取り違えていた。
②当社はお客様に対して、税務対応についての専門家等へのご相談を促さなかった。
③当社は内部通算の可能性を配慮したうえで、仲介すべきだった。

正しい対応

別荘の売却を当年中にすれば、昨年の別荘の売却損と当年の賃貸アパートの売却益と通算して譲渡所得（分離課税）を算定することができました。別荘の売却損が5,000万円、賃貸アパートの売却益は4,000万円ですので、当年中の譲渡所得は生じませんでした。

［ポイント解説］

【損益通算と内部通算】

　別荘のように「生活に通常必要でない資産」の譲渡損失は、他の各種所得との「損益通算」ができません。「損益通算」とは、不動産所得、事業所得、山林所得または譲渡所得の金額の計算上生じた損失を他の各種所得の金額から控除して通算することを言います。同じ種類の所得の内に、損失と利益があり、これを差引計算する「内部通算」は「損益通算」ではありません。すなわち、本件においては、別荘の譲渡損5,000万円は、他の所得である給与所得や不動産所得とは通算することはできませんが、賃貸アパートの譲渡益が同一年に生じていれば、同じ譲渡所得の中で通算することが可能でした。

> **▶税理士からのポイント**
>
> 　個人の所得税については、法人税のように総合課税でなく、また損益の通算も一律ではありません。総合課税あり、分離課税あり、また、損益通算ができない所得も数多くあります。複雑な案件については、税理士等に相談することをお薦めします。

事例54 認定住宅の新築等をした場合の税額控除について

　当社は不動産売買仲介を営む業者です。昨年、お客様よりご自宅の売却と当該資金による郊外での新居の新築につき相談を受けました。当社はご自宅の売却を仲介し、新居についてはお客様の懇意にしている建築業者が設計施工することとなり、ご自宅の売却（売却代金5,000万円）も新居の完成引渡し（建築費用6,000万円）も昨年中に完了しました。当社はお客様へご自宅の売却につき特別控除の規定があることをご案内し、お客様はご自宅の売却益100万円について、3,000万円特別控除の特例を利用した上で譲渡所得は0円とする確定申告を、本年3月に済ませました。

　ところがその後、お客様よりクレームがありました。ご自身で建築した新居について、認定住宅新築等の税額控除が受けられたことを知り、当社に対して、なぜ教えてくれなかったのかとのお叱りでした。なお、本件3,000万円控除の特例に

よる譲渡税額の軽減額は20万円と見られますが、お客様の新築物件は認定長期優良住宅に該当するもので、認定基準に適合するためのかかり増し費用が500万円とみられ、その10％である50万円の税額控除が受けられるはずであったとのことです。

失敗のポイント

① お客様及び施工業者も本件税額控除特例を知らなかった。
② 当社はお客様に対して、税務対応についての専門家等へのご相談を促さなかった。

正しい対応

認定住宅新築等の税額控除を受けるためには、添付すべき必要書類を準備したうえで、必要事項を記載した確定申告書を提出すべきでした。不動産を売却して新たに建築して取得する不動産に関する税務に関しても、専門家等への相談を通じてお客様にご案内できるとスムーズでした。なお、3,000万円控除との併用はできませんが、本件税額控除を利用する方が有利でありました。

[ポイント解説]

認定住宅の新築等をした場合、一定の特別税額控除がその年分の所得税額から控除されます。

(1) 特別控除額
認定住宅の認定基準に適合するためのかかり増し費用の10％に相当する金額

(2) 適用要件
・居住者であること（非居住者は適用不可）
・新築又は建築後使用されたことのない認定住宅等の取得であること
・新築又は取得の日から6か月以内に居住の用に供していること
・税額控除を受ける年分の合計所得金額が3千万円以下であること
・新築又は取得をした住宅の床面積が50㎡以上であり、床面積の2分の1以上の部分が専ら自己の居住の用に供するものであること。

(3) 併用不可
・住宅借入金等特別控除との重複適用不可
・居住年とその前後2年ずつの5年間において下記の特例を受けていないこと
居住用財産を譲渡した場合の長期譲渡所得の課税の特例
居住用財産の譲渡所得の特別控除

(4) 控除額の繰越
居住年の所得税額から控除しきれない場合には、控除未済税額につき、

居住年の翌年において控除することができます。

> **▶税理士からのポイント**
>
> 住宅控除については、毎年の税制改正において需要喚起や景気回復策の目玉として取り上げられることが多い項目です。また、制度が複雑多様化しており、専門業者である施工業者も知らなくて適用していないケースが見受けられます。
>
> 税制改正の情報を入手し、税理士等とこまめな相談をしてください。

事例55
居住用財産売却時の所有期間

　当社は、不動産賃貸仲介を主として営業を行っている不動産業です。

　マンションを自宅としているお客様から転勤により、マンション売却の依頼がありました。平成16年2月に新築で取得をした人気のマンションのため売却益4,000万円程度が予想され、居住用の3,000万円控除をしても譲渡益に対する税金が発生します。所有期間が10年を超えた自宅の売却の場合には、軽課税率が適用になる旨を説明し、所有期間が10年を超える平成26年3月に売買契約を締結し、所定の仲介手数料を収受しました。

　ところが、翌年の3月に売主から、税金が軽減すると聞いていたが、平成26年分の確定申告をした際、譲渡所得税が軽減されなかったので税金の増加分を負担してくれ、とのクレームがあり、対応に苦慮しています。何が問題だったのでしょうか？

失敗のポイント

　不動産の売買の仲介業務を行っていると、お客様のご自宅の売却や買い替えの案件が数多く発生します。所得税の世界では、「居住用財産」すなわち自宅として利用していた物件は、めったに売却ということが予想されていないことから、いろいろな特例が規定されています。

　「居住用財産の3,000万円特別控除」は代表的なものです。事例の「所有期間10年超の居住用財産の軽課税率」も特例のひとつです。ただし、ここでいう所有期間というのは、譲渡した年の1月1日においての所有期間という税法特有の決まりがあります。したがって、平成26年3月時点においては、実質所有期間は10年1ヶ月以上経過していますが、平成26年1月1日時点においては、税法で規定する10年にはなりません（9年11ヶ月）。したがって、お客様のクレームは、主張としては当然のことと考えられます。

正しい対応

　自宅売却希望のお客様が、売却予想金額は当然として、あっせん仲介に係る仲介手数料、売買に関する諸経費、そして、売却益に係る譲渡所得税等の金額を不動産業者に求めることは、普通のことです。

仲介手数料は、業法による所定計算が可能であり、諸費用も登記費用等は司法書士に見積もり依頼をすることが重要です。譲渡所得税等は、各種特例があり、税法改正も頻繁に行われることから、顧問の税理士に確認をとるか、お客様に対して「概算計算」であり、具体的な計算は「税理士」または「税務署」に確認することをお薦めすることが、正しい対応といえます。

［ポイント解説］

　所得税法において、不動産を売却して利益（譲渡所得といいます。）がある場合には、給与収入等と合算して税金計算をするのではなく、分離課税といって、他の所得とは別途の税金計算をします。

　分離課税の譲渡所得の計算においては、売却した不動産の所有期間に応じて5年超の場合には「長期譲渡所得」、5年以下の場合には「短期譲渡所得」となります。この場合の5年超および5年以内の判断も、売却した日の属する年の1月1日においての所有期間で判断します。

　事例の「10年超所有の居住用財産の軽課税率」は、売却した日の属する年の1月1日において所有期間が10年を超えたものを売却した場合には、本来の譲渡所得税等の税率より、税率を軽減するというものです。

譲渡所得の種類	長期譲渡所得	10年超軽課譲渡所得
譲渡所得税（国税）率	所得の15％	所得の10％
復興特別所得税率	所得の0.315％	所得の0.21％
譲渡住民税（地方税）率	所得の5％	所得の4％
合計税率	所得の20.315％	所得の14.21％

　事例の場合、譲渡所得が4,000万円と仮定すると、売却が平成27年1月以降で軽課税率が適用された場合と、平成26年3月売却で軽課税率が適用されない場合の差額は、次のとおりです。なお、「居住用3,000万円特別控除」と「10年超所有の居住用財産の軽課税率」の特例は重ねて（ダブル適用）受けることができます。

［計算式］
（譲渡所得4,000万円－特別控除3,000万円）×（20.315－14.21）％
＝1,000万円×6.105％＝610,500円

▶税理士からのポイント

　税金の計算は、関与の税理士等に確認をとることを、営業担当者に徹底させるようにします。また、概算計算を提示する場合には、概算であることを説明し、正確な計算には、お客様が税理士や税務署に確認をすることをお薦めします。

参考文献

国税庁 www.nta.go.jp

国土交通省 www.mlit.go.jp

「税務Q&A」TKC税務研究所

「税理士・経理マン必携 法人税実務マスター講座 貸倒れ」内山裕著、ぎょうせい

辻・本郷 税理士法人

　平成14年4月設立。東京新宿に本部を置き、日本国内に50拠点と海外に7拠点がある。顧問先数約10000社、全体のスタッフは1100名（関連グループ会社を含む）を擁している。医療、税務コンサルティング、相続、事業承継、M&A、企業再生、公益法人、移転価格、国際税務など各税務分野別に専門特化したプロ集団。弁護士、不動産鑑定士、司法書士との連携により顧客の立場に立ったワンストップサービスとあらゆるニーズに応える総合力をもって業務展開している。

〒163-0631　東京都新宿区西新宿1丁目25番1号　新宿センタービル31階
電話　03-5323-3301（代）
FAX　03-5323-3302
URL　http://www.ht-tax.or.jp/

本郷孔洋

公認会計士・税理士

　国内最大規模を誇る税理士法人の理事長。総勢750名のスタッフを率いる経営者。会計の専門家として会計税務に携わって30余年。各界の経営者・起業家・著名人との交流を持つ。

　早稲田大学第一政経学部を卒業後、公認会計士となる。東京大学講師、東京理科大学講師、神奈川大学中小企業経営経理研究所客員教授を歴任。

　「税務から離れるな、税務にこだわるな」をモットーに、自身の強みである専門知識、執筆力、話術を活かし、税務・経営戦略などの分野で精力的に執筆活動をしている。「経営ノート2015」（東峰書房）ほか著書多数。

辻・本郷 税理士法人
不動産業プロジェクトチーム

小林 作土ミ(リーダー)、加藤 俊貴、谷口 博昭、高木 亨
加藤 竜、阿見 浩介、佐々木 慎吾、武藤 陽子、井口 将来
菊地 達也、青柳 英次

税理士が見つけた!
本当は怖い
不動産業経理の失敗事例55

2015年3月25日　初版第1刷発行
2016年3月16日　初版第2刷発行

監修	本郷 孔洋
編著	辻・本郷 税理士法人　不動産業プロジェクトチーム
発行者	鏡渕 敬
発行所	株式会社 東峰書房
	〒102-0074 東京都千代田区九段南4-2-12
	電話 03-3261-3136　FAX 03-3261-3185
	http://tohoshobo.info/
装幀・デザイン	小谷中一愛
イラスト	道端知美
印刷・製本	株式会社 シナノパブリッシングプレス

©Hongo Tsuji Tax & Consulting 2015
ISBN 978-4-88592-167-4 C0034